DER GENIALE SOCKEN WORKSHOP

TO GO

STEPHANIE VAN DER LINDEN
EWA JOSTES

BASICS

ANSCHLÄGE

BÜNDCHEN

FERSEN

SPITZEN

TOE-UP

GRÖSSEN-TABELLEN

TIPP... **Probieren Sie beim Sockenstricken mal etwas Neues. Ob Bündchen, Ferse oder Spitze – so kommt nie Langeweile auf und die Kombinationsmöglichkeiten sind unendlich!**

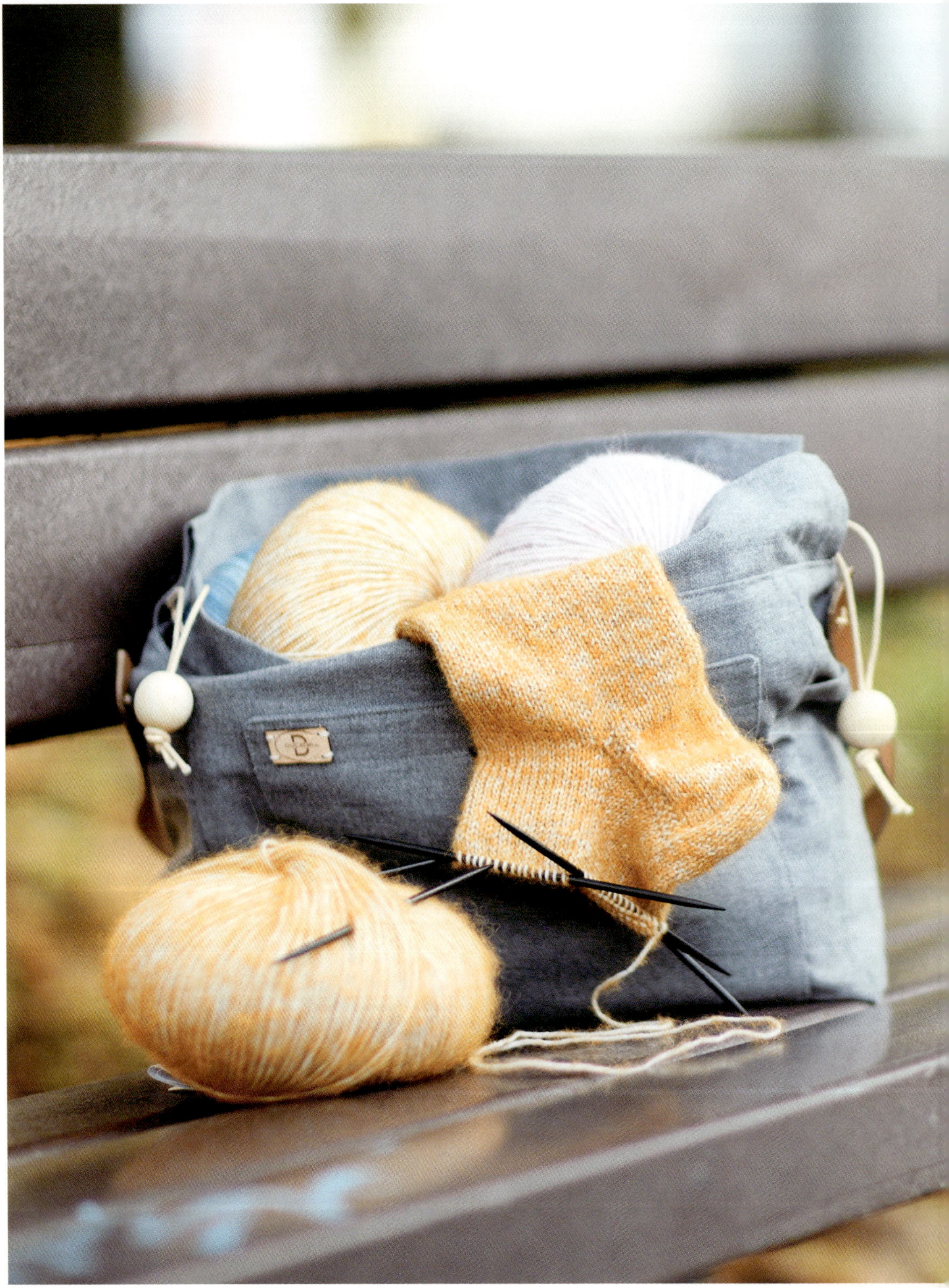

Vorwort

Sind auch Sie ein „Stino"-Stricker? Das steht im Stricker-Jargon für „stinknormale Socken" ohne aufwändiges Muster. Meist werden sie glatt rechts oder mit einfachem Rippenmuster gearbeitet. Besonders selbstmusternde oder handgefärbte Garne können so ihre volle Farbwirkung perfekt entfalten.

Stino-Socken sind auch die perfekten Strickbegleiter für unterwegs: Klein und handlich sind sie schnell hervorgeholt, um Wartezeiten beim Arzt zu verkürzen oder einen gemütlichen Nachmittag im Café zu versüßen.

Damit es beim Stricken trotzdem nicht langweilig wird, probieren Sie doch mal etwas Neues! Eine große Auswahl an verschiedenen Bündchen, Fersen oder Spitzen sorgt für immer neue Herausforderungen. Dieses Buch versorgt Sie dabei mit den wichtigsten Infos zum schnellen Nachschlagen unterwegs!

Eva Jostes

Stephanie van der Linden

Maschenstich

Mit dem Maschenstich können Öffnungen an Spitzen oder Fersen fast unsichtbar geschlossen werden. Dazu die letzten Maschen zu gleichen Teilen auf zwei parallel liegende Nadeln heben. Den Faden in einer guten Arbeitslänge abtrennen, im Allgemeinen reichen 50 cm gut aus, und auf eine stumpfe Stopfnadel ziehen.

DIE ERSTE MASCHE VORBEREITEN:

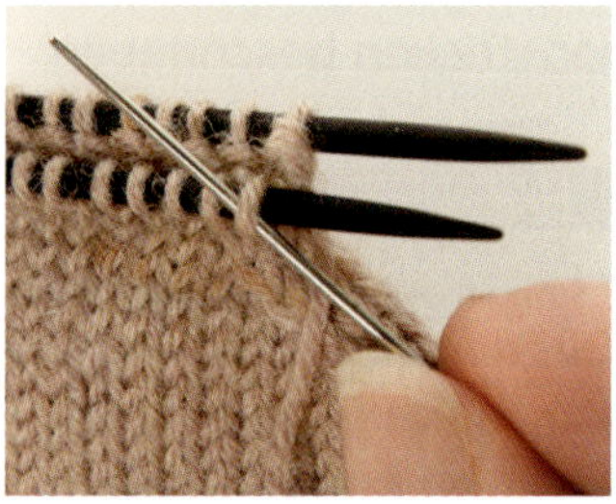

1| Die erste vordere Masche wie zum Linksstricken abnähen, Masche auf der Nadel lassen

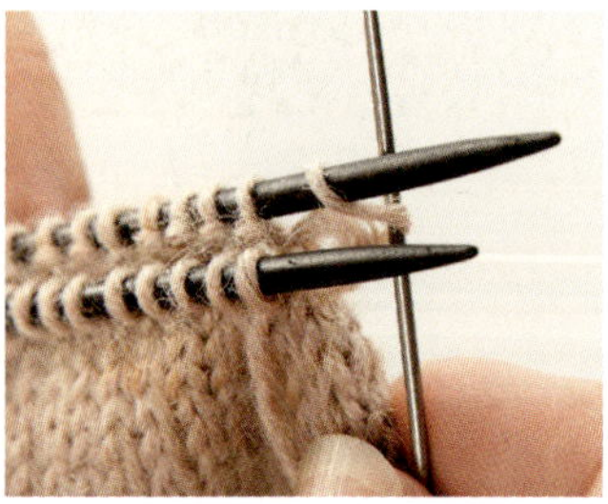

2| Die erste hintere Masche wie zum Rechtsstricken abnähen, Masche auf der Nadel lassen

NUN DIE MASCHEN IM MASCHENSTICH ABNÄHEN:

Den Faden nach jedem Schritt ein wenig anziehen. Den Arbeitsfaden immer rechts unter den Stricknadeln halten. Die Schritte 1 bis 4 so lange wiederholen, bis alle Maschen vernäht sind. Die letzten beiden Maschen jeweils ohne Folgemasche arbeiten.

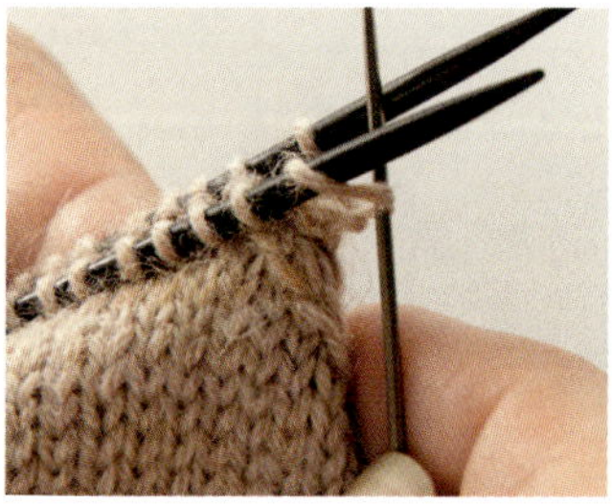

1| Vorne wie zum Rechtsstricken abnähen, Masche abheben (= Rechts ab)

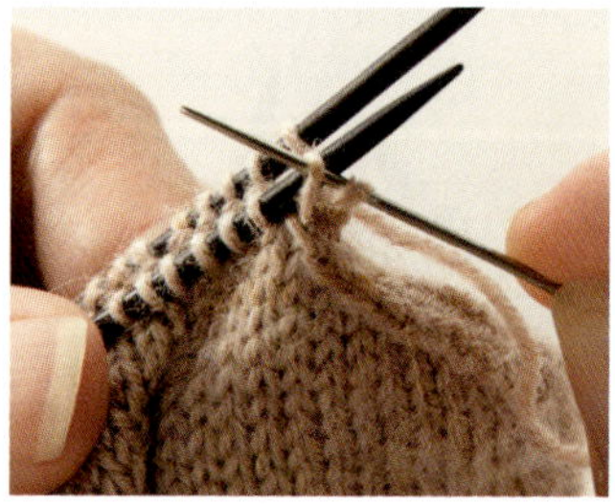

2| Vorne wie zum Linksstricken abnähen, Masche auf der Nadel lassen (= Links)

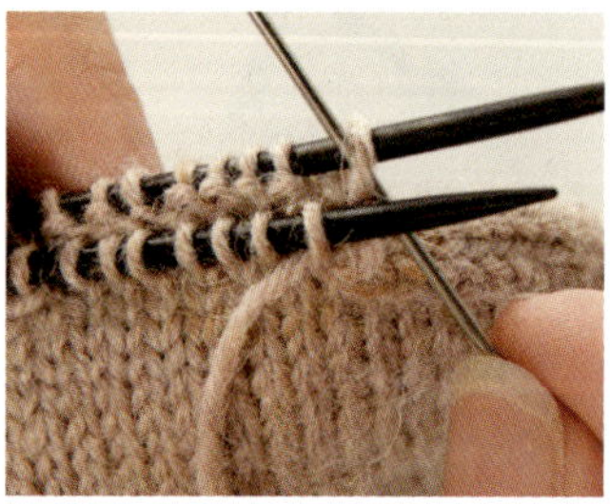

3| Hinten wie zum Linksstricken abnähen, Masche abheben (= Links ab)

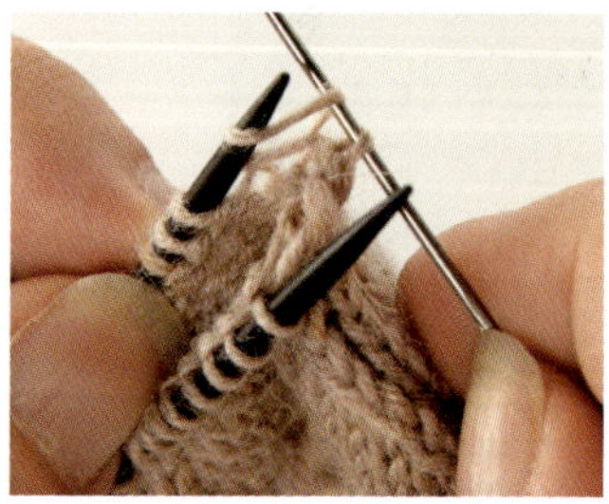

4| Hinten wie zum Rechtsstricken abnähen, Masche auf der Nadel lassen (= Rechts)

Das Maschenstich-Mantra für die Wiederholung lautet also: **rechts ab, links** - vorne, **links ab, rechts** - hinten.

Russischer Fadenansatz

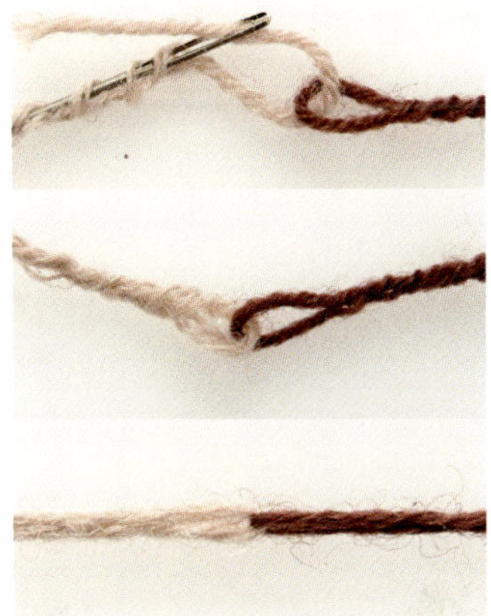

Mit dem russischen Fadenansatz kann ein neuer Faden fast unsichtbar angebracht werden. Dazu das Fadenende auf eine Stopfnadel ziehen und mit der Nadel etwa in 5 cm Entfernung vom Nadelkopf spiralförmig mehrmals durch den Faden nähen, sodass sich eine Schlaufe bildet. Durch diese Schlaufe das neue Garn fädeln, es ebenfalls auf die Stopfnadel ziehen und wiederum spiralförmig in etwa 5 cm Entfernung durch den Faden des neuen Garns nähen. Beide Fadenenden nun gut anziehen und überstehende Enden kürzen. Mit diesem angesetzten Faden weiter über die Maschen stricken.

Faden vernähen

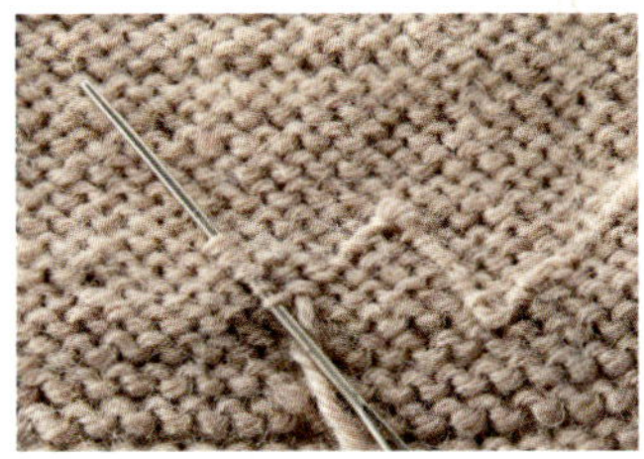

Alle Fadenenden gut, aber elastisch vernähen. Das gelingt am besten diagonal zum Maschenverlauf.

Transport des Nadelspiels

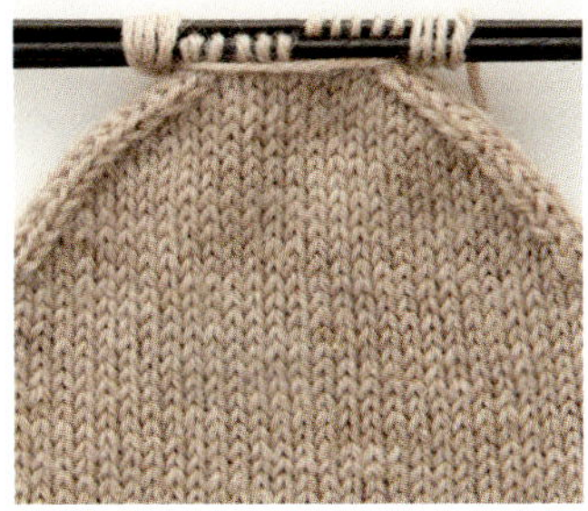

Wer seine Strickarbeit für unterwegs vorbereiten oder nach dem Weglegen keine böse Überraschung erleben möchte, wickelt den Arbeitsfaden einige Male um das eine, einige Male um das andere Ende, dann in Achten abwechselnd um beide Enden und hält so das Nadelspiel samt freier Arbeitsnadel zusammen. Zwei dünne Haargummis oder zwei günstige Pipettenhütchen aus der Apotheke leisten ebenso gute Dienste.

HINWEIS... **Im Handel erhältliche Nadelspielhalter können allen fünf Nadeln gleichzeitig von beiden Seiten aufgesetzt werden und halten das Nadelspiel fest zusammen.**

Anschläge

Eine Grundschlinge arbeiten

Die Grundschlinge ist der Beginn jeder Strickarbeit. Für alle Anschläge wird zuvor eine Grundschlinge benötigt. Dazu gleichzeitig eine Nadel und den Arbeitsfaden, der zum Knäuel läuft, mit der rechten Hand fassen und das Fadenende mit Mittel-, Ringfinger und kleinem Finger der linken Hand halten. Nun führt die rechte Hand den Faden einmal im Uhrzeigersinn um den ausgestreckten Daumen herum und nach unten, sodass eine Schlinge um den Daumen entsteht. Arbeitsfaden und Fadenende kreuzen sich vor dem Daumen. In diese Schlinge von unten einstechen und sie mit der Nadel vom Daumen abheben. Den Faden mit der linken Hand anziehen. Die Art des Anschlags bestimmt jeweils die Länge des Fadenendes.

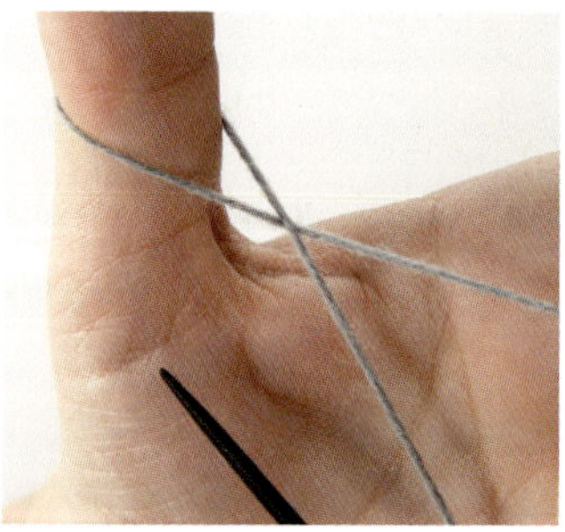

1| Grundschlinge, Daumenkreuz

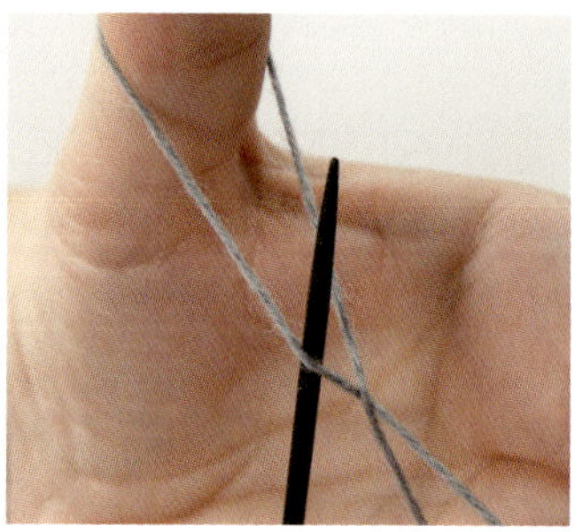

2| Von unten einstechen

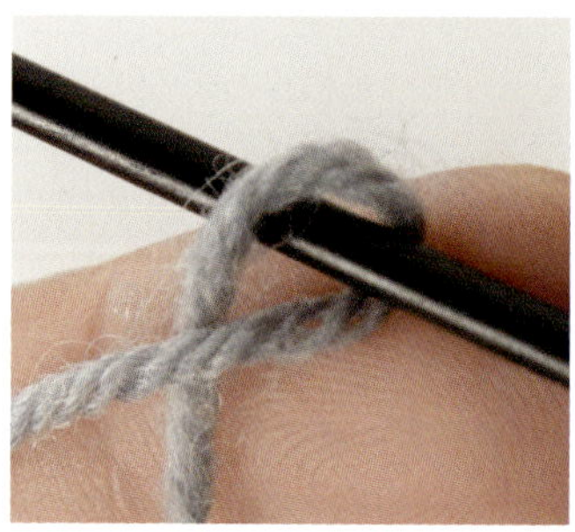

3| Fertige Grundschlinge

Anschlag auf vier Nadeln

Üblicherweise werden die Maschen bereits von Anfang an gleichmäßig auf vier Nadeln verteilt angeschlagen.

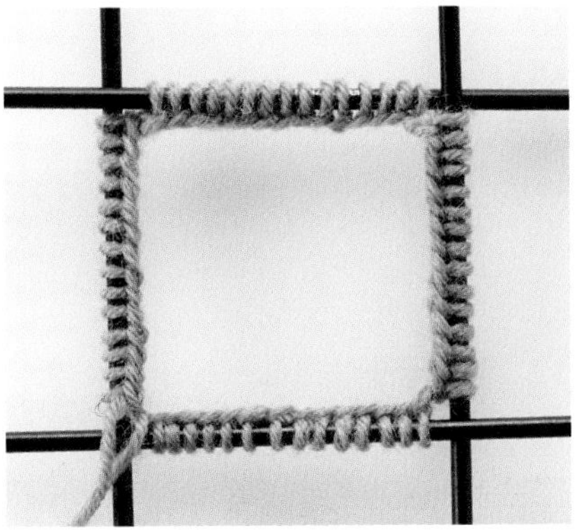

Anschlag auf vier Nadeln, Ringschluss in der ersten Runde

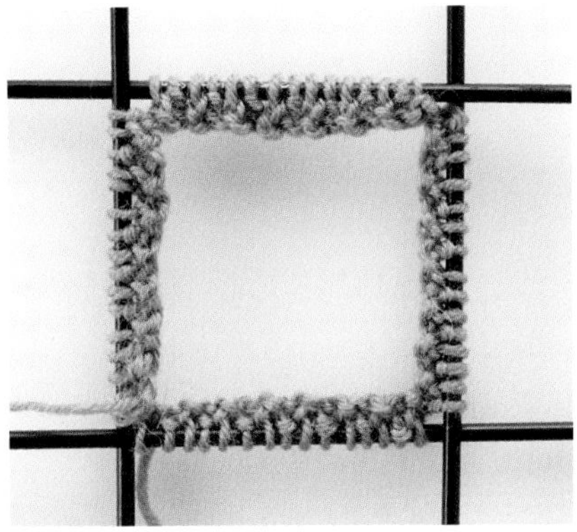

Zum Vergleich: Anschlag auf einer Nadel in erster Runde auf vier Nadeln verteilt, Ringschluss nach der ersten Reihe

Anschlag auf einer Nadel

Der Ringschluss ist erheblich einfacher, wenn alle Maschen zunächst auf einer Nadel angeschlagen werden.
Nach dem Anschlag auf einer Nadel die Arbeit wenden und die Maschen im Bündchenmuster abstricken, dabei jeweils ein Viertel der Maschenzahl mit einer Spielnadel abstricken. Nun fällt der Ringschluss leichter, weil die Anschlagkante deutlich besser zu erkennen und zu fassen ist. Das kleine Gässchen zwischen den ersten beiden Reihen lässt sich beim Vernähen des Anschlagfadens später leicht und sauber schließen.
Gerade Anfänger neigen dazu, Anschläge fest anzuziehen. Einen schön lockeren Anschlag erreicht man mit einer dickeren Nadelstärke oder – ganz praktisch – mit doppelter Nadel beim Anschlag. Um die Anschlagreihe abzustricken, vorsichtig eine der beiden Nadeln herausziehen.

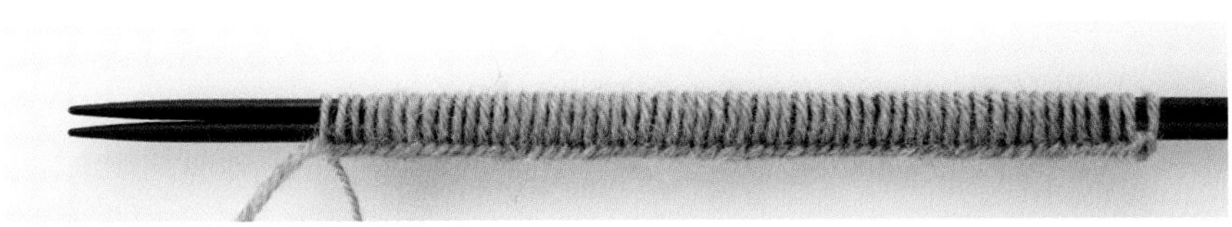

Anschlag auf einer Nadel bzw. mit einer zusätzlichen Hilfsnadel

Der Kreuzanschlag

Die Grundschlinge wird mit einem Fadenende gearbeitet, das mindestens 3x so lang ist wie der Sockenumfang. Die Nadel mit der Grundschlinge in der rechten Hand halten, den Arbeitsfaden (der Faden, der zum Knäuel läuft) über den ausgestreckten Zeigefinger und das Fadenende über den ausgestreckten Daumen der linken Hand legen. Beide Fäden werden von der linken Hand mit Mittel-, Ringfinger und kleinem Finger gehalten. Die Nadel mit der Grundschlinge befindet sich in der Mitte des gespannten Fadens zwischen Daumen und Zeigefinger.

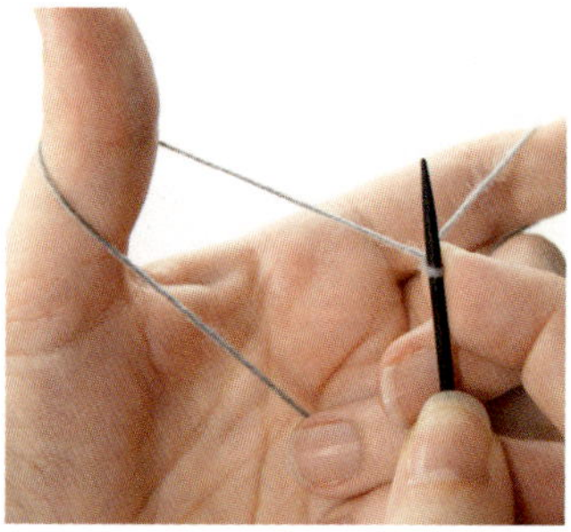

1| Ausgangsposition nach der Grundschlinge

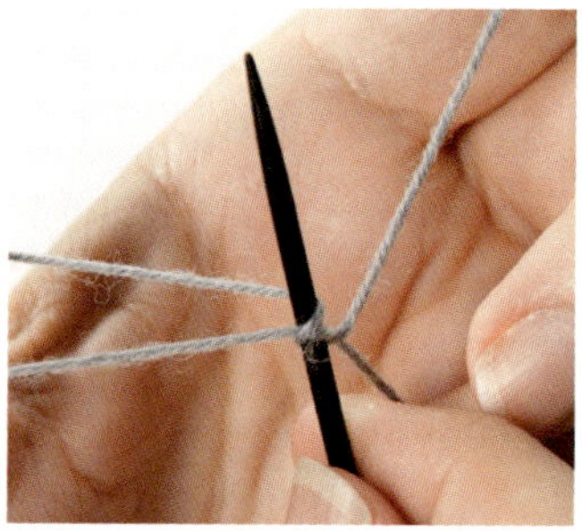

2| Von unten unter den äußeren Daumenfaden einstechen

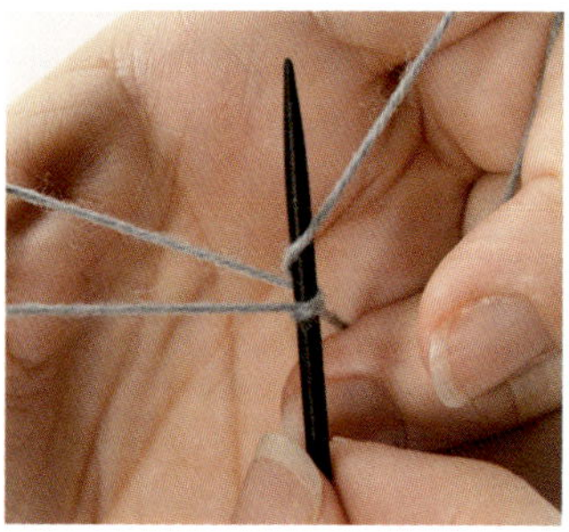

3| Den Arbeitsfaden holen

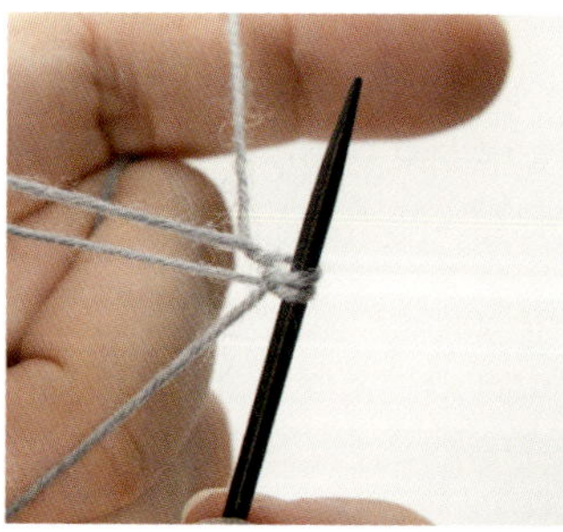

4| Den Arbeitsfaden durch die Daumenschlinge ziehen

- Nun von unten unter den vorderen Daumenfaden einstechen.
- Den Arbeitsfaden am Zeigefinger fassen.
- Den Arbeitsfaden durch die Daumenschlinge ziehen.
- Anschließend die Anschlagmasche vom Daumen heruntergleiten lassen bzw. abheben und das Fadenende mit dem Daumen anziehen.

Hebt man den Daumen wieder an, bildet sich gleich die nächste Schlinge, aus der die nächste Masche angeschlagen werden kann. Auf diese Weise die benötigte Maschenzahl anschlagen.

Verstärkter Kreuzanschlag

Arbeitet man den Kreuzanschlag mit doppeltem Daumenfaden, wird die Anschlagkante verstärkt. Sie ist dann besonders strapazierfähig und noch elastischer.

- Für den verstärkten Anschlag die Grundschlinge so arbeiten, dass das Fadenende noch mindestens 8x so lang ist wie der Sockenumfang.
- Nun den Daumenfaden doppelt legen, das Fadenende noch mit der rechten Hand fassen und den Kreuzanschlag mit doppeltem Daumenfaden arbeiten.

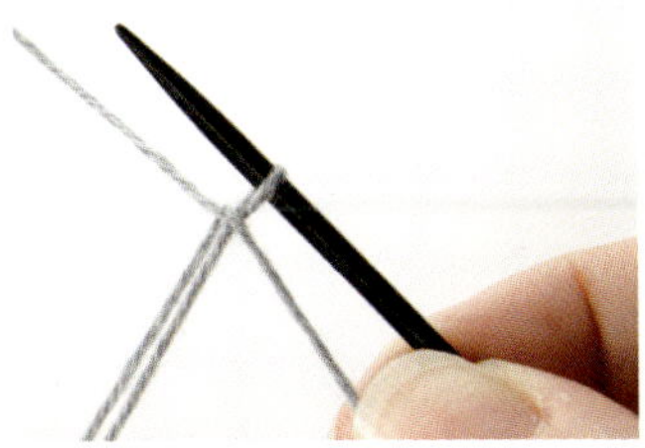

1| Grundschlinge mit doppeltem Faden

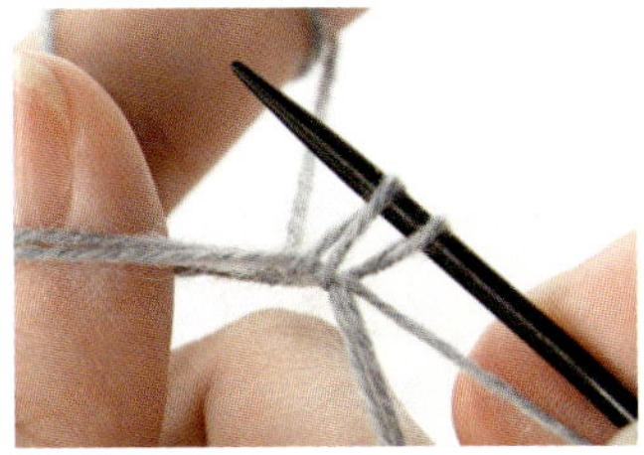

2| Den Arbeitsfade durch die Daumenschlinge mit doppeltem Faden holen

Elastischer Kreuzanschlag

Um einen besonders elastischen Kreuzanschlag zu erhalten, wird der einfache Kreuzanschlag mit doppelter Maschenzahl gearbeitet. Dazu muss der Daumenfaden mindestens 6x so lang sein wie der Sockenumfang.

- In der ersten Reihe oder Runde jeweils zwei Maschen zusammenstricken und so wieder auf die benötigte Maschenzahl reduzieren.

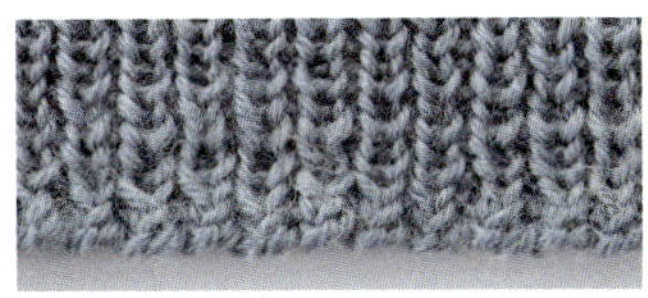

Elastischer Kreuzanschlag mit Bündchen

Italienische Anschläge oder runde Anschläge

Diese Anschläge bilden einen perfekt gerundeten Abschluss und sind schön elastisch. Sie eignen sich besonders, um ein 1/1-Rippenbündchen oder ein 2/2-Rippenbündchen anzuschließen. Da die erste Reihe eines italienischen Anschlags sehr instabil ist, empfiehlt es sich, alle Maschen zunächst auf einer Nadel anzuschlagen und sie erst in der zweiten Reihe gleichmäßig auf vier Nadeln zu verteilen und zur Runde zu schließen. Im Gegensatz zu dem italienischen Anschlag, der bei Pullovern üblich ist, wird dieser Anschlag bei Socken mit der gleichen Nadelstärke wie der Rest der Socke gearbeitet. Um eine bessere Elastizität zu erreichen, werden für Socken sechs Übergangsrunden gearbeitet.

Italienischer Anschlag ohne Hilfsfaden (Tunnelanschlag)

Die Grundschlinge so arbeiten, dass das Fadenende noch mindestens 3x so lang ist wie der Sockenumfang.

- Die Nadel mit der Grundschlinge in der rechten Hand halten und den Faden, der zum Knäuel läuft, über den ausgestreckten Zeigefinger und das Fadenende über den ausgestreckten Daumen der linken Hand legen. Beide werden von Mittelfinger, Ringfinger und kleinem Finger der linken Hand gehalten. Die Nadel mit der Grundschlinge befindet sich in der Mitte des zwischen Daumen und Zeigefinger gespannten Fadens.
- Mit der Nadel von vorn unter dem inneren Daumenfaden durchstechen, den Zeigefingerfaden fassen und die Schlinge unter dem Daumenfaden durchziehen.
- Im zweiten Schritt von oben unter dem Zeigefingerfaden durchstechen, den Daumenfaden fassen und die Schlinge unter dem Zeigefingerfaden durchziehen.

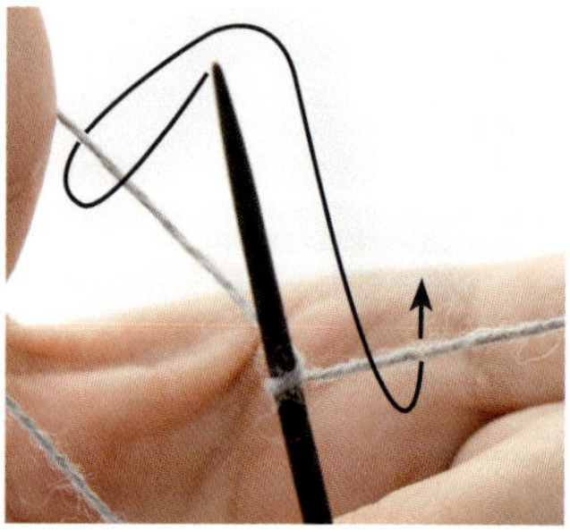

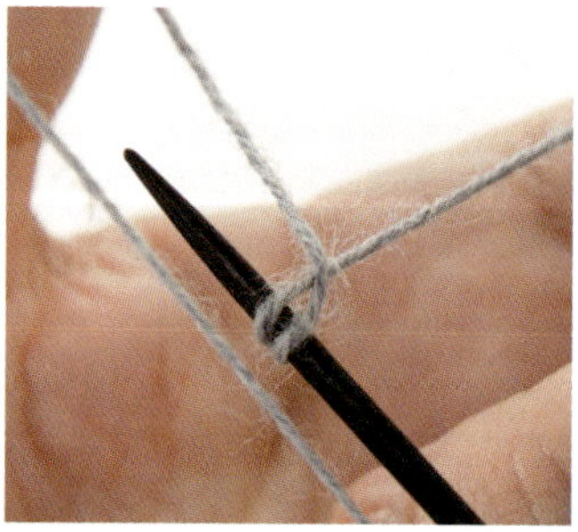

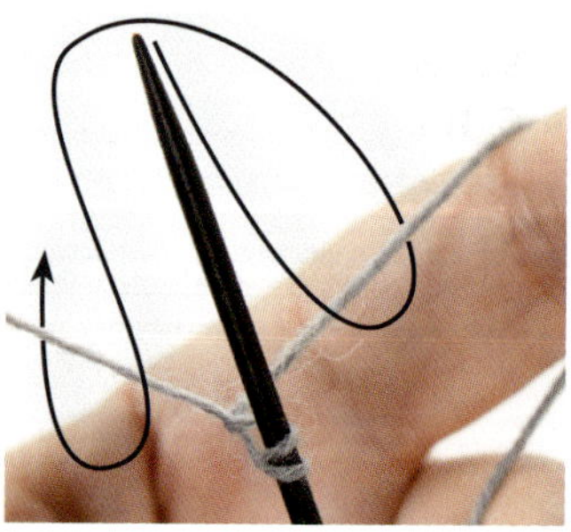

Beide Arbeitsgänge so lange wiederholen, bis die benötigte Maschenzahl erreicht ist. Wichtig ist, dass der Faden gespannt bleibt, sonst löst sich die Anschlagkante wieder. Den Anschlag nun nicht aus der Hand legen.

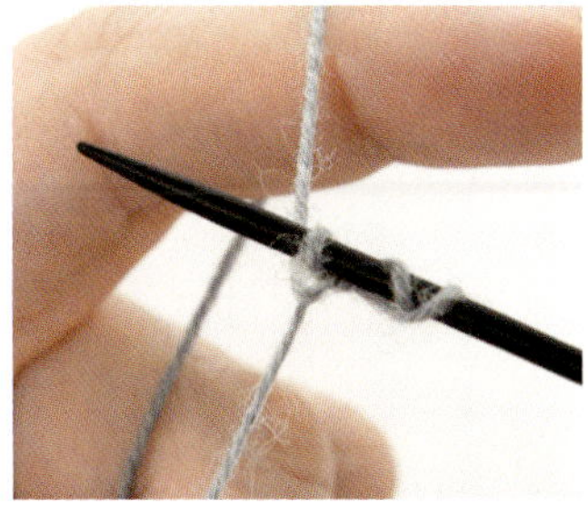

ÜBERGANG ZUM BÜNDCHEN

Nach dem Anschlag Arbeit wenden und zunächst weiter in Reihen arbeiten.

- **1. Reihe:** Abwechselnd 1 Masche rechts stricken und 1 Masche wie zum Linksstricken mit dem Faden vor der Masche abheben und Arbeit wenden.
- **2. Reihe:** Rechte Maschen rechts abstricken, linke Maschen mit dem Faden vor der Masche abheben.
- In dieser Reihe die Maschen gleichmäßig auf 4 Nadeln verteilen, die Anschlagkante zum Ring schließen und weiter in Runden arbeiten.
- **3. Runde:** Linke Maschen links stricken, rechte Maschen mit dem Faden hinter der Masche abheben.
- **4. Runde:** Rechte Maschen rechts stricken, linke Maschen mit dem Faden vor der Masche abheben.
- **5. Runde:** Linke Maschen links stricken, rechte Maschen mit dem Faden hinter der Masche abheben.
- **6. Runde:** Rechte Maschen rechts stricken, linke Maschen mit dem Faden vor der Masche abheben.

Daran ein 1/1- oder 2/2- Bündchen anschließen (vgl. S. 26 Rippenbündchen nach italienischen Anschlägen).

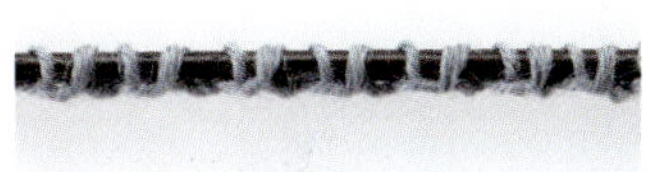

1| Tunnelanschlag

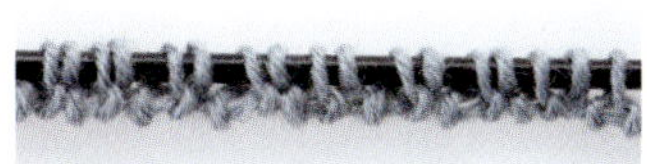

2| Tunnelanschlag mit 1. Übergangsreihe

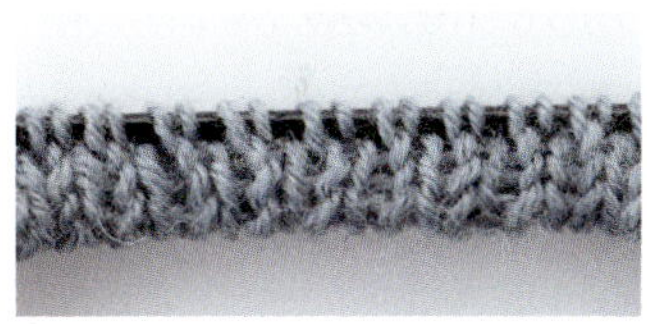

3| Tunnelanschlag mit 6 Übergangsrunden - auf Vorder- und Rückseite je 3 Maschen übereinander

Italienischer Anschlag mit Hilfsanschlag (Variante 1)

Für diesen Anschlag mit einem kontrastfarbenen Garn eine lockere Luftmaschenkette häkeln. Dafür etwa 10 Maschen mehr als die Hälfte der für den Anschlag benötigten Maschen veranschlagen.

- Aus den quer liegenden Maschenteilen auf der Rückseite der Luftmaschenkette (vgl. S. 20 offener Anschlag) jeweils abwechselnd eine Masche herausstricken und einen Umschlag arbeiten, bis sich die benötigte Maschenzahl auf der Nadel befindet. Dabei gut darauf achten, nicht in das Hilfsgarn einzustechen.
- Um den letzten Umschlag zu stabilisieren, noch eine weitere Masche aus der Luftmaschenkette herausstricken. Die letzte überzählige Masche wird in der dritten Runde beim Übergang zum Bündchen mit der nächsten Masche zusammengestrickt und so wieder abgenommen.

Nun die 6 Übergangsrunden arbeiten und ein 1/1- oder 2/2-Bündchen anschließen. Den Hilfsfaden nach Fertigstellung des Bündchens lösen und herausziehen.

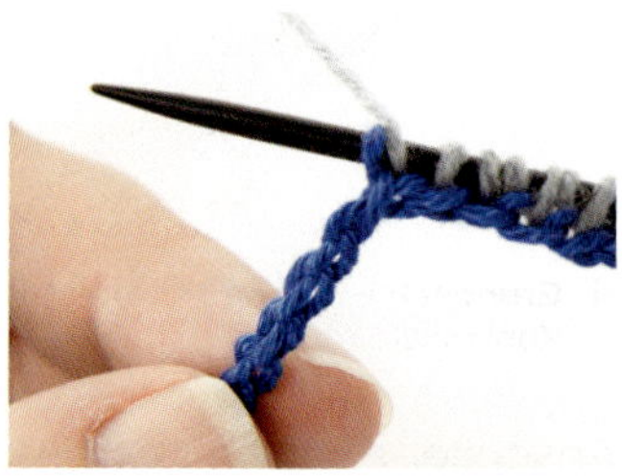

1| Luftmaschenkette verdrehen und Maschen aufnehmen

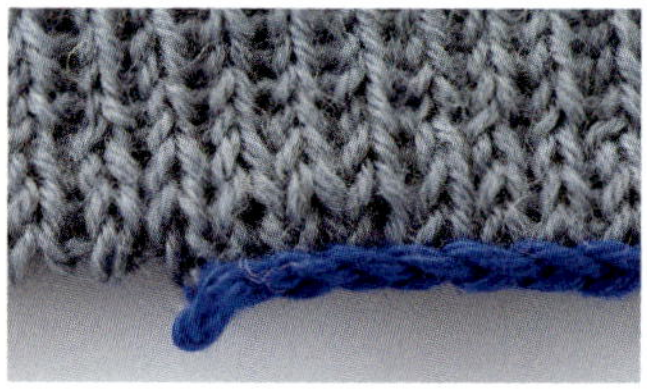

2| Luftmaschenkette lösen

Italienischer Anschlag mit Hilfsfaden (Variante 2)

Bei dieser Variante die Maschen um einen Kontrastfaden von ca. 60 cm Länge herum aufschlagen.

- Die Grundschlinge arbeiten. Das Fadenende sollte so lang sein, dass es sich später gut vernähen lässt. Die Nadel mit der Grundschlinge befindet sich in der rechten Hand. Der Faden, der zum Knäuel läuft, wird über den ausgestreckten Zeigefinger gelegt. Über den ausgestreckten Daumen einen kontrastfarbenen Faden legen. Die rechte Hand hält neben der Arbeitsnadel die beiden rechten Fadenenden, die linke Hand das linke Fadenende des Hilfsfadens und den Arbeitsfaden, der zum Knäuel läuft.
- Mit der Nadel unter dem Hilfsfaden hindurch den Zeigefingerfaden als Masche auf die Nadeln holen und mit dem Zeigefingerfaden einen Umschlag über dem Hilfsfaden arbeiten.
- Diese beiden Arbeitsgänge wiederholen, bis sich die benötigte Maschenzahl auf der Nadel befindet. Um den letzten Umschlag zu stabilisieren, noch eine Masche unter dem Hilfsfaden hindurch holen. Die letzte überzählige Masche wird in der 3. Runde beim Übergang zum Bündchen wieder abgenommen.

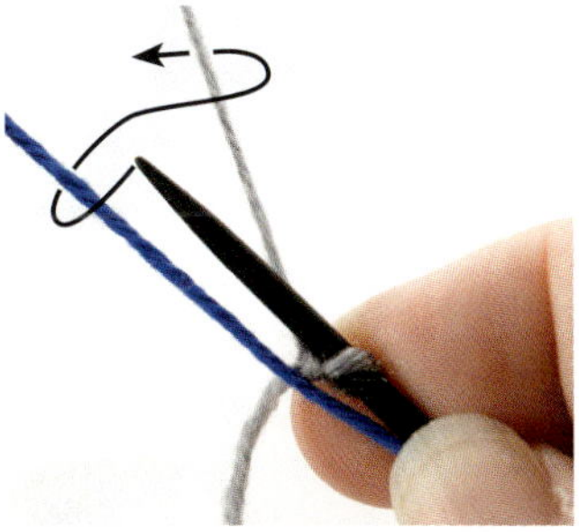

1| Grundschlinge und Kontrastfaden

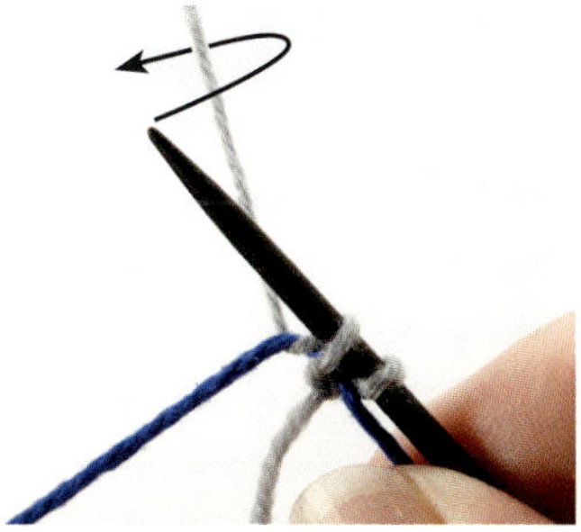

2| Arbeitsfaden unter Daumenfaden

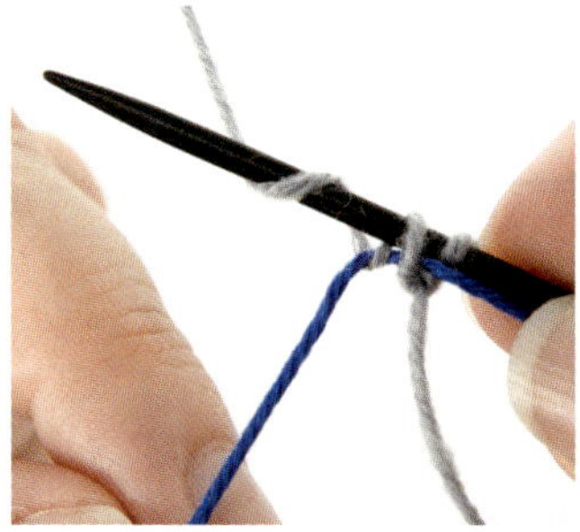

3| Umschlag

Anschließend 6 Übergangsrunden arbeiten und ein 1/1- oder 2/2-Bündchen anschließen. Den Hilfsfaden nach Fertigstellung des Bündchens herausziehen.

ÜBERGANG ZUM BÜNDCHEN – FÜR BEIDE ANSCHLAGVARIANTEN MIT EINER ZUSÄTZLICHEN MASCHE

Die Arbeit wenden und weiter in Reihen arbeiten.

- **1. Reihe:** Umschläge rechts stricken, Maschen mit dem Faden vor der Masche wie zum Linksstricken abheben und die Arbeit wenden.
- **2. Reihe:** Rechte Maschen rechts stricken, linke Maschen mit dem Faden vor der Masche abheben. In dieser Reihe die Maschen gleichmäßig auf 4 Nadeln verteilen und die Anschlagkante zum Ring schließen.
- **3. Runde:** Linke Maschen links stricken, rechte Maschen mit dem Faden hinter der Masche abheben. In dieser Runde wird die letzte Masche (die überzählige Masche) der Nadel 4 mit der ersten Masche der Nadel 1 zusammengestrickt.
- **4. Runde:** Rechte Maschen rechts stricken, linke Maschen mit dem Faden vor der Masche abheben.
- **5. und 6. Runde:** Die 3. und 4. Runde wiederholen.

Daran ein 1/1- oder 2/2- Bündchen anschließen (vgl. S. 26 Rippenbündchen nach italienischen Anschlägen).

Gestrickte Anschläge

Gestrickte Anschläge müssen sehr sorgfältig gearbeitet werden, um später nicht einzuschneiden, da sie nicht allzu elastisch sind.

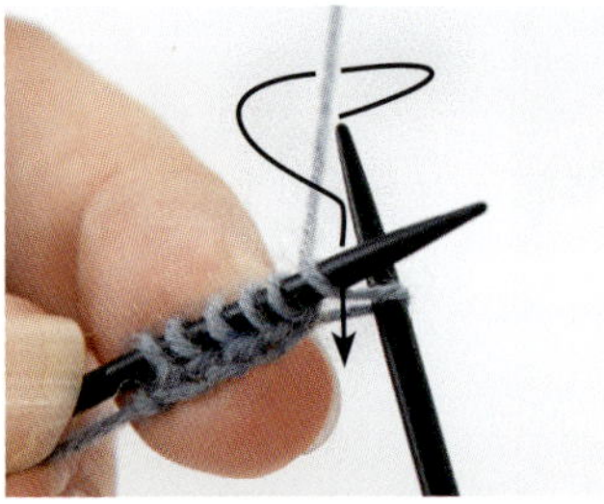

1| In letzte Schlinge einstechen

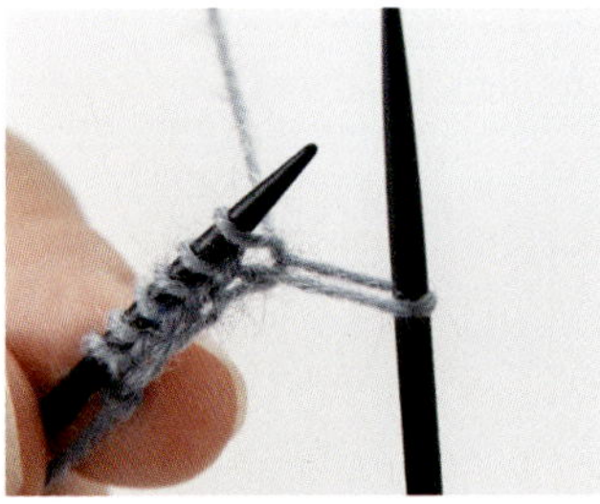

2| Die letzte Schlinge abstricken

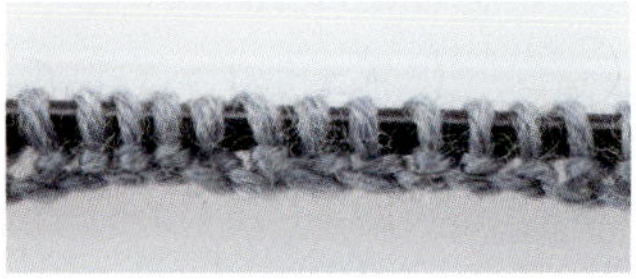

3| Anschlag

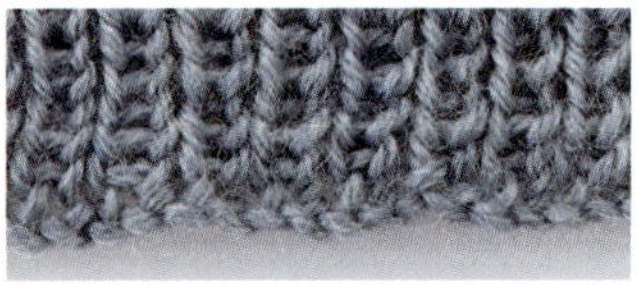

4| Anschlag mit Bündchen

Variante 1

- Zunächst eine Grundschlinge arbeiten. Das Fadenende sollte dabei so lang sein, dass es sich später gut vernähen lässt. Die Nadel mit der Grundschlinge in der linken Hand halten.
- Mit einer zweiten Nadel eine rechte Masche aus der Grundmasche herausstricken, auf die linke Nadel heben und mit dem Zeigefinger den Faden leicht anziehen. Aus dieser neuen Masche kann nun die nächste herausgestrickt werden.

Diesen Arbeitsgang wiederholen, bis sich die benötigte Maschenzahl auf der Nadel befindet.

HINWEIS... **Gestrickte Anschläge sind besonders dort nützlich, wo während des Strickens neue Maschen angeschlagen werden müssen, da man nur den Arbeitsfaden, aber keinen Daumenfaden benötigt.**

Variante 2

Dieser Anschlag ist etwas schwieriger zu arbeiten, der Rand gelingt aber deutlich sauberer und ist elastischer.

- Eine Grundschlinge mit einem Fadenende arbeiten. Es sollte so lang sein, dass es sich später noch gut vernähen lässt.
- Aus dieser Schlinge mit einer zweiten Nadel eine Masche herausstricken, diese auf die linke Nadel heben und leicht anziehen. Alle weiteren Maschen nun aus dem Zwischenraum zwischen den beiden vorigen Maschen herausstricken, auf die linke Nadel heben und den Faden leicht mit dem Zeigefinger anziehen.

Diese Arbeitsgänge wiederholen, bis die benötigte Maschenzahl angeschlagen ist.

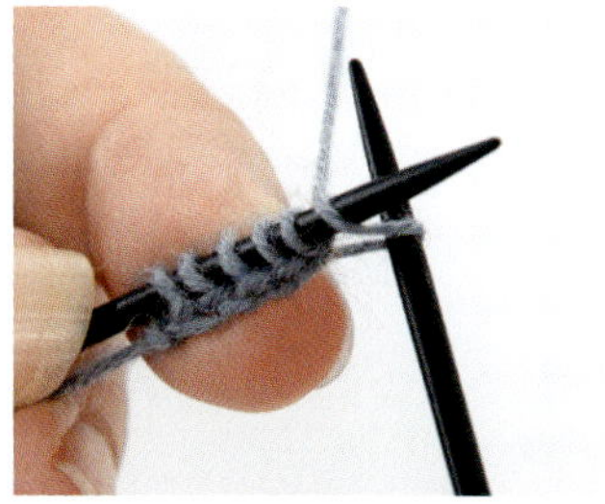

1| Aus der letzten Schlinge eine Masche herausstricken

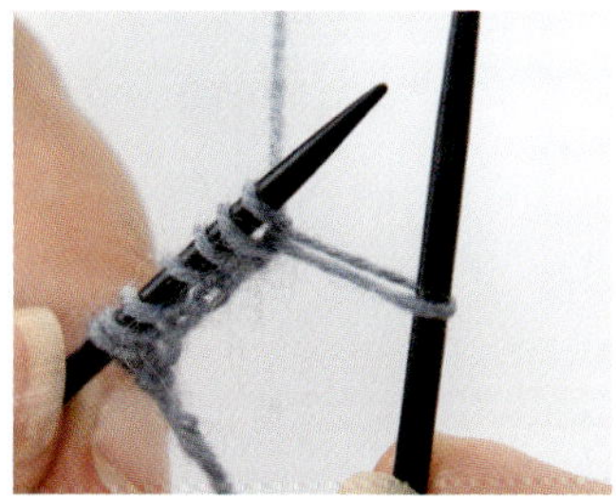

2| Masche zwischen den letzten beiden Maschen herausstricken

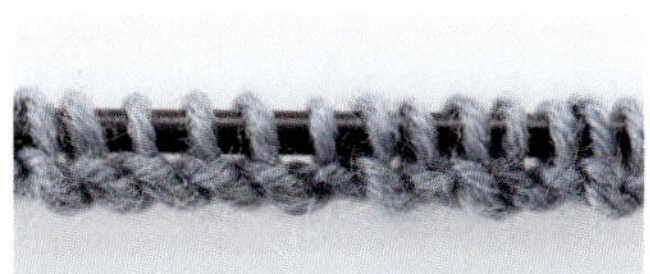

3| Anschlag

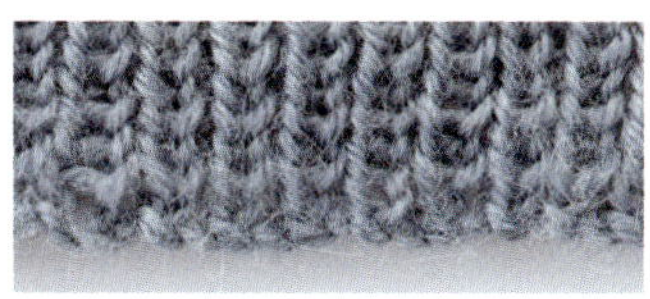

4| Anschlag mit Bündchen

HINWEIS... **Anders als bei anderen Anschlägen sammeln sich die angeschlagenen Maschen auf der linken statt auf der rechten Nadel.**

Hilfsanschläge

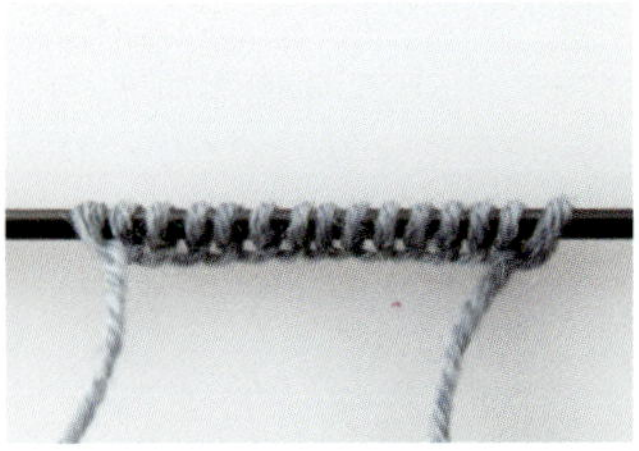

So viele Grundschlingen hintereinander arbeiten, bis die benötigte Maschenzahl erreicht ist.

Aufschlingen

Durch seine großen Schlingen in der Anschlagkante bietet der Hilfsanschlag den Vorteil, dass die Schlingen später leicht auf eine Nadel gehoben und als Maschen abgestrickt werden können. Der Hilfsanschlag eignet sich vor allem für Saumbündchen, da er nicht allzu sehr aufträgt.

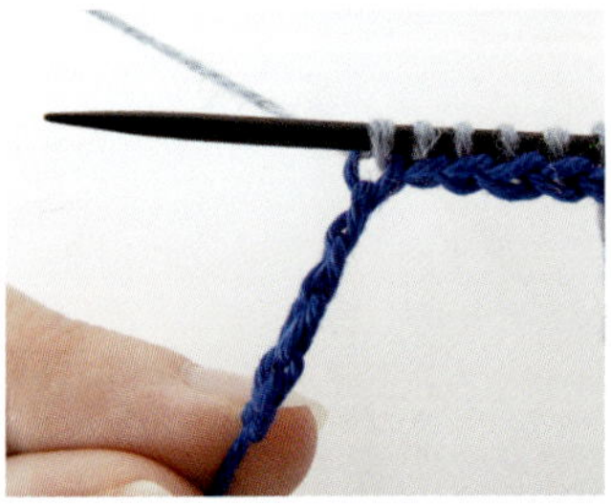

1| Luftmaschenkette verdrehen und Maschen aus den Kettengliedern der Rückseite auffassen

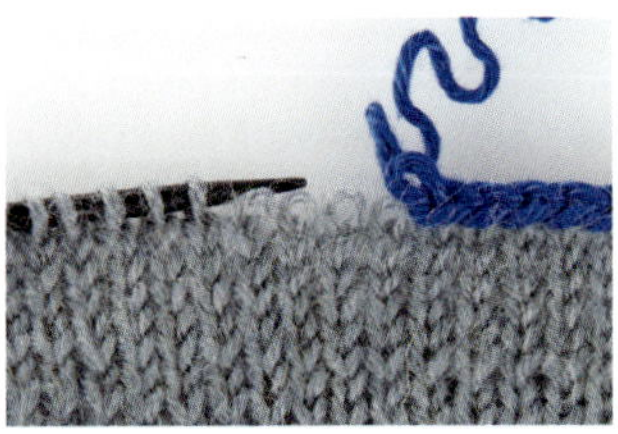

2| Anschlag teilweise gelöst

Offener Anschlag

- Mit einem kontrastfarbenen Garn eine lockere Luftmaschenkette häkeln. Der offene Anschlag arbeitet sich bequemer, wenn etwa zehn Schlingen mehr gehäkelt werden, als Maschen angeschlagen werden sollen.
- Aus den quer liegenden Maschengliedern auf der Rückseite der Luftmaschenkette werden nun neue Maschen herausgestrickt.

HINWEISE… **Gut darauf achten, dabei nicht in das Kontrastgarn einzustechen, sonst kann der Anschlag später nicht in einem Zug gelöst werden. Auch bedenken, dass sich später eine Masche weniger auffassen lässt als zunächst angeschlagen wurden, da die Schlinge um je eine halbe Masche versetzt entsteht und damit an beiden Rändern je eine halbe Masche „verloren geht“.**

Wie viele Maschen anschlagen?

Die Maschenzahl, die angeschlagen werden muss, damit die Socke prima passt, hängt vom Umfang des Fußes und von der Garnstärke, die verwendet werden soll, ab. Für die üblicherweise verwendeten vierfädigen und sechsfädigen Sockengarne lässt sich die Maschenzahl aus der Tabelle herauslesen. Nur für sehr breite Füße oder Waden kann es sinnvoll sein, die Maschenzahl der nächst größeren Schuhgröße anzuschlagen.

Maschenzahl für 4-fädiges Sockengarn

LL = 210 m/50 g, 30 Maschen x 42 Reihen = 10 cm x 10 cm

Größe	20/21	22/23	24/25	26/27	28/29	30/31	32/33
Umfang in cm	14,5	14,5	16,0	16,0	17,0	17,0	18,5
Maschenzahl gesamt/Nadel	44/11	44/11	48/12	48/12	52/13	52/13	56/14

Größe	34/35	36/37	38/39	40/41	42/43	44/45	46/47
Umfang in cm	18,5	20,0	20,0	21,0	21,0	22,5	24,0
Maschenzahl gesamt/Nadel	56/14	60/15	60/15	64/16	64/16	68/17	72/18

Maschenzahl für 6-fädiges Sockengarn

LL = 125 m/50 g, 22 Maschen x 30 Reihen = 10 cm x 10 cm

Größe	20/21	22/23	24/25	26/27	28/29	30/31	32/33
Umfang in cm	14,5	14,5	16,5	16,5	18,0	18,0	20,0
Maschenzahl gesamt/Nadel	32/8	32/8	36/9	36/9	40/10	40/10	44/11

Größe	34/35	36/37	38/39	40/41	42/43	44/45	46/47
Umfang in cm	20,0	21,5	21,5	23,0	23,0	23,0	25,5
Maschenzahl gesamt/Nadel	44/11	48/12	48/12	52/13	52/13	52/13	56/14

Rundstricken mit dem addiCraSyTrio

Das addiCraSyTrio ist ein Set aus 3 Nadeln, die jeweils einen flexiblen Mittelteil und kurze, feste Spitzen besitzen. Im Gegensatz zu herkömmlichen Nadelspielen aus 5 starren Nadeln fällt es so auch Anfängern leichter, den Überblick zu behalten und das Stricken in Runden zu meistern.

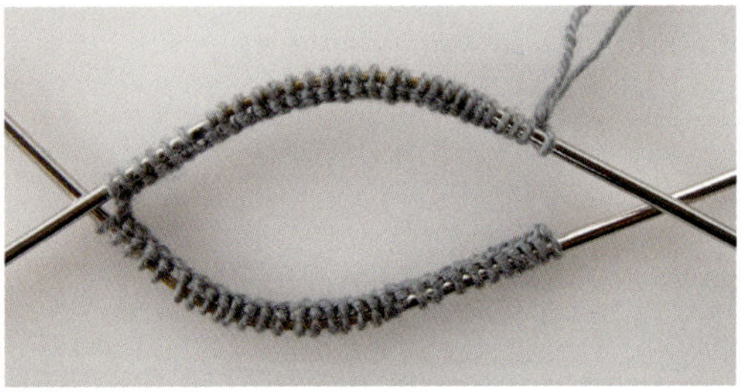

Maschen auf 2 Nadeln anschlingen

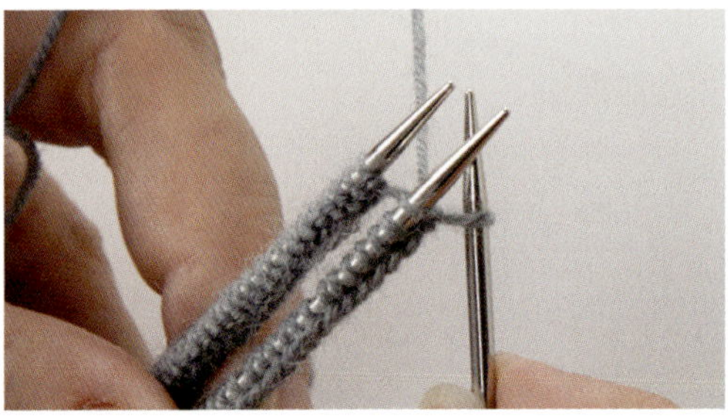

Mit der 3. Nadel die 1. Masche stricken und zur Runde schließen

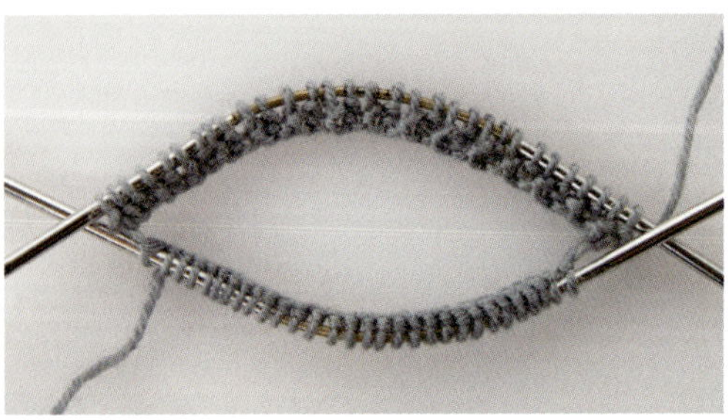

Maschen im Bündchenmuster stricken

- Die für die gewünschte Größe benötigte Maschenzahl jeweils zur Hälfte auf 2 Nadeln des addiCraSyTrios anschlagen. Die beiden Nadeln parallel legen, sodass Anfang und Ende der Maschen aufeinandertreffen. Dabei sorgfältig darauf achten, dass die Anschlagkante nicht in sich verdreht wird.
- Nun die dritte Nadel zur Hand nehmen, den Arbeitsfaden, der zum Knäuel läuft, von hinten holen, etwas anziehen und die 1. Masche auf der 1. Nadel rechts stricken. Damit ist die Runde geschlossen. Der Rundenbeginn ist automatisch durch den Anfangsfaden markiert. Beim weiteren Stricken werden die Nadeln nummeriert: Die Maschen der 1. Nadel bilden später die Fußsohle und die Ferse, die Maschen der 2. Nadel den Oberfuß.
- Die restlichen Maschen der 1. Nadel im gewählten Bündchenmuster abstricken. Wenn alle Maschen der 1. Nadel gestrickt sind, die Arbeit so drehen, dass die Maschen der 2. Nadel vorne liegen. Den Arbeitsfaden nach vorne holen, etwas anziehen und mit der frei gewordenen Nadel die Maschen der 2. Nadel abstricken. Danach wieder die 1. Nadel nach vorne drehen usw.

Rundstricken mit dem Sockenwunder

Das Sockenwunder ist eine einzelne, kurze Rundstricknadel, die von Spitze zu Spitze nur 25 cm misst. Sie besitzt eine längere Nadelspitze, die als Arbeitsnadel dient, und eine kurze Spitze als Maschennadel. Auf dem Sockenwunder kann komplett ohne Nadelwechsel fortlaufend in Runden gestrickt werden, das sorgt für ein sehr gleichmäßiges Maschenbild ohne Gässchen.

- Die für die gewünschte Größe benötigte Maschenzahl mit der langen Nadelspitze anschlagen. Das Sockenwunder zum Ring legen, sodass die beiden Nadelspitzen und Anfang und Ende des Maschenanschlags zusammentreffen. Dabei sorgfältig darauf achten, die Anschlagkante nicht in sich zu verdrehen.
- Die Stricknadel aufnehmen, dabei die lange Spitze in die rechte Hand, die kurze Spitze in die linke Hand nehmen. Mit dem Arbeitsfaden und der langen Nadelspitze die 1. Masche auf der kurzen Nadelspitze rechts stricken, dabei den Faden gut anziehen. Damit ist die Runde geschlossen. Der Rundenbeginn ist automatisch durch den Anfangsfaden markiert.
- Nun die Hälfte der Gesamtmaschenzahl im gewählten Bündchenmuster stricken (Achtung, die bereits gestrickte 1. Masche mitzählen!). Einen Maschenmarkierer setzen. Dann die andere Maschenhälfte stricken. Die 1. Runde ist gestrickt.
- Auf diese Weise weiter fortlaufend in Runden stricken, den Maschenmarkierer in der Rundenhälfte dabei immer von der kurzen auf die lange Spitze heben. Wenn die Socke einige Zentimeter gewachsen ist, kann zur besseren Orientierung auch am Rundenbeginn ein zusätzlicher Maschenmarkierer gesetzt werden.

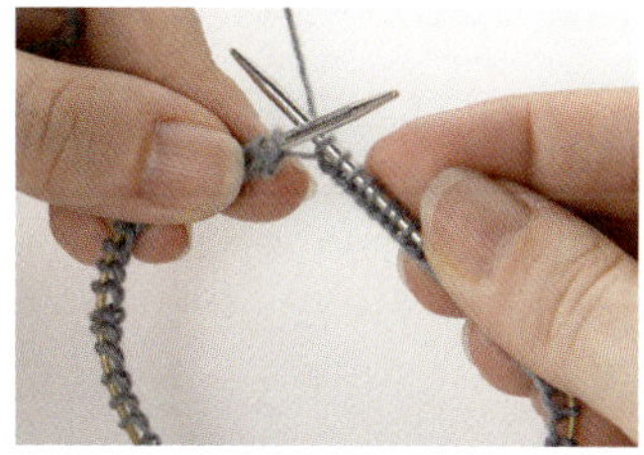

Maschen anschlagen und zur Runde schließen

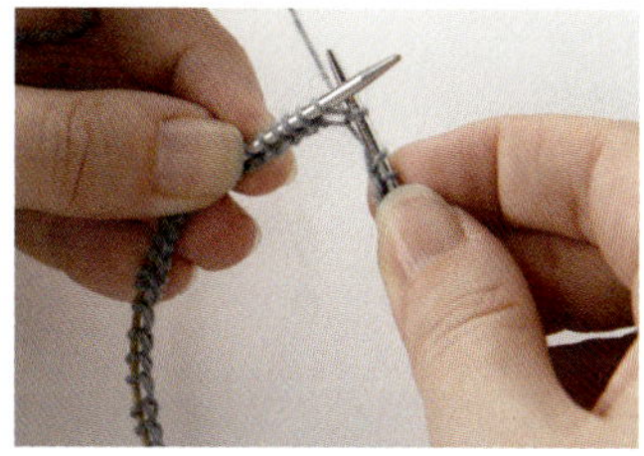

In Runden stricken, lange Spitze = rechte Hand, kurze Spitze = linke Hand

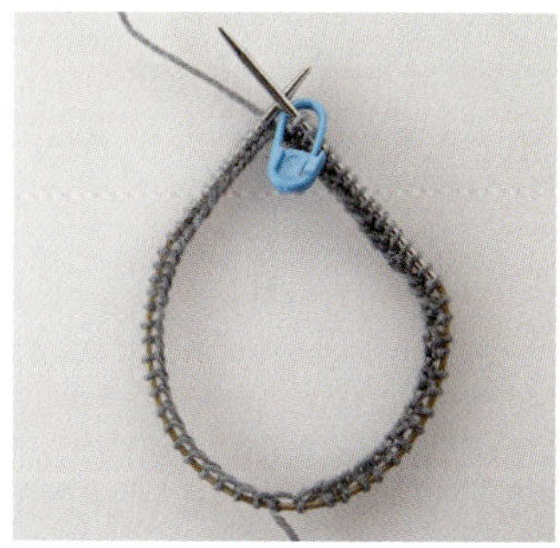

Maschenmarkierer nach der 1. Hälfte der Maschen platzieren

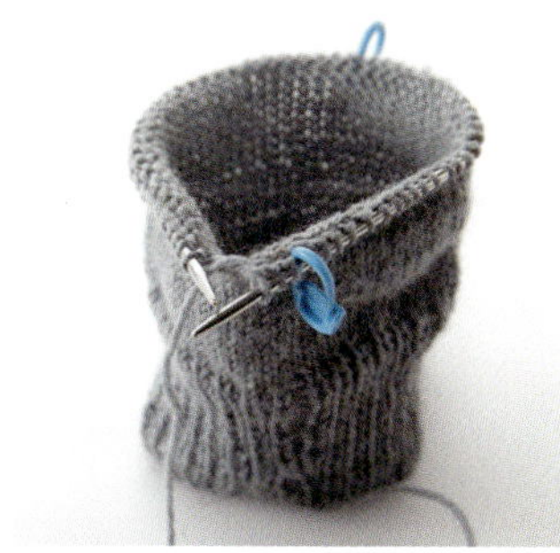

Fortlaufend stricken. Für Ferse und Spitze die Einteilung der Maschen durch den Maschenmarkierer nutzen

Bündchen

Rippenbündchen

Rippenbündchen aus rechten und linken Maschen sind sehr elastische Bündchen, die die Socken sehr gut am Bein halten ohne einzuschnüren. Ihre Elastizität bleibt auch nach häufigem Tragen und vielen Wäschen erhalten.

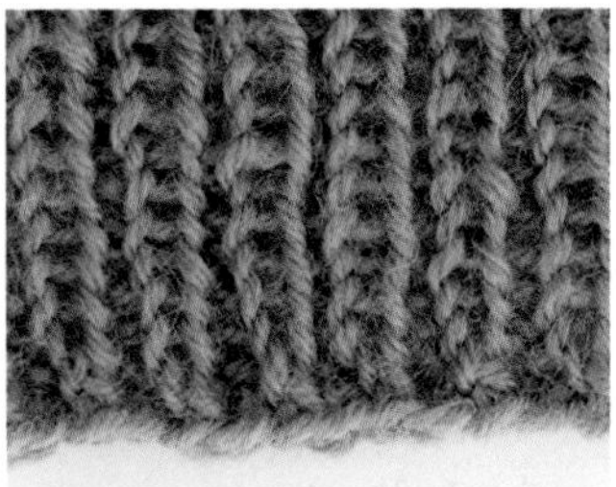

1/1-Bündchen

Das 1/1-Bündchen ist ein klassisches Universalbündchen, es lässt sich mit nahezu jedem Muster kombinieren. Maschenzahl teilbar durch 2.

- Nach dem Anschlag die 1. Reihe bzw. die 1. Runde in dieser Musterfolge arbeiten: *1 Masche rechts, 1 Masche links*.

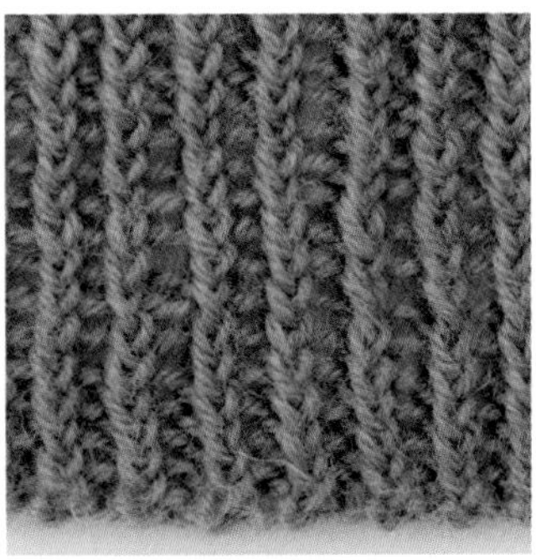

Verschränktes 1/1-Bündchen

Strickt man die rechten Maschen verschränkt ab, zieht sich das Bündchen stärker zusammen und die Rippen treten deutlicher hervor. Dabei für die rechts verschränkte Masche von rechts nach links in das hintere Maschenglied einstechen und abstricken.

- Nach dem Anschlag die 1. Reihe bzw. die 1. Runde in dieser Musterfolge arbeiten: *1 Masche rechts verschränkt, 1 Masche links*.

HINWEIS... Maschenfolgen zwischen zwei * werden jeweils bis zum Reihenende wiederholt.

TIPP... Für die Höhe eines Rippenbündchens kann man sich an der Maschenzahl einer Nadelspielnadel orientieren: So viele Bündchenrunden arbeiten, wie Maschen auf einer Nadelspielnadel liegen.

2/2-Bündchen

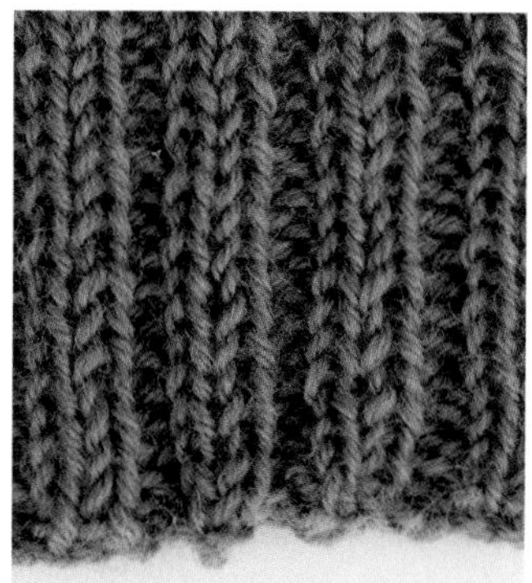

Das 2/2-Bündchen ist noch beliebter als die 1/1-Kombination. Dabei nicht zu locker arbeiten. Auch dieses Bündchenmuster kann nahezu mit jedem Muster kombiniert werden. Die Maschenzahl sollte durch vier teilbar sein, was bei einem gleichmäßigen Anschlag über vier Nadeln aber in der Regel der Fall ist.

- Nach dem Anschlag die 1. Reihe oder 1. Runde in dieser Musterfolge arbeiten: *2 Maschen rechts, 2 Maschen links*.

Verschränktes 2/2-Bündchen

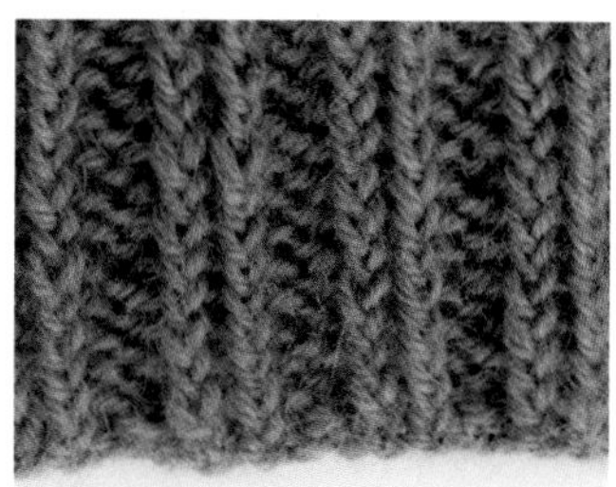

Auch das 2/2-Bündchen wird durch das verschränkte Abstricken der rechten Maschen enger und die Rippen treten deutlicher hervor.

- *2 Maschen rechts verschränkt, 2 Maschen links*.

Rippenbündchen nach italienischen Anschlägen

1/1-Bündchen nach italienischem Anschlag

Maschenzahl teilbar durch 2.

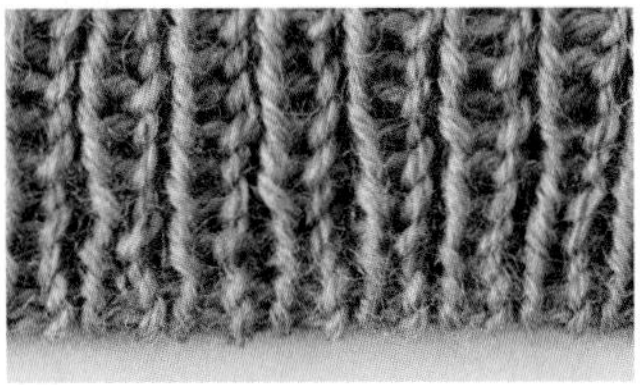

- Nach den Übergangsrunden des italienischen Anschlags werden nun alle rechten Maschen rechts und alle linken Maschen links abgestrickt.

2/2-Bündchen nach italienischem Anschlag

Maschenzahl teilbar durch 4. Nach den Übergangsrunden des italienischen Anschlags wie folgt arbeiten, bis alle Maschen der ersten Bündchenrunde abgestrickt sind:

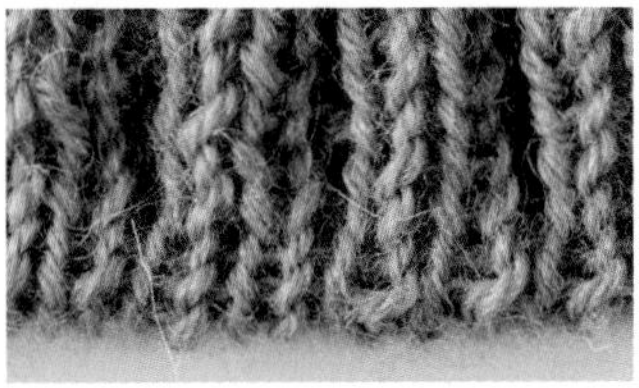

- *1 Masche rechts, die übernächste rechte Masche etwas lockern und rechts stricken, jedoch nicht abheben, die übersprungene linke Masche links stricken und beide Maschen von der linken Nadel gleiten lassen, 1 Masche links*.

Krauses Bündchen

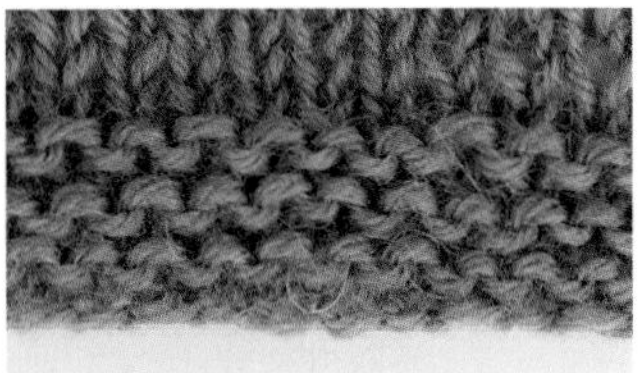

Das krause Bündchen ist ein Schmuckbündchen. Es ist gut dehnbar, zieht sich aber nicht zusammen. Es bildet einen idealen Abschluss für alle wellen- oder zackenförmigen Muster, die in sich bereits elastisch sind.

- Nach dem Anschlag werden die Runden im Wechsel links und rechts abgestrickt, damit ein krauses Maschenbild entsteht.

Die Rückseite des Kreuzanschlags passt sich gut in das Bündchenmuster ein.

Krauses Drehbündchen

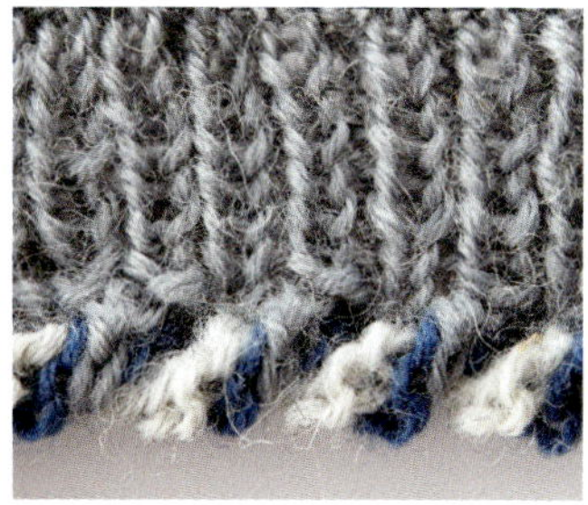

Eine gewitzte Variante des krausen Bündchens ist das Drehbündchen. Es wird zunächst auf zwei Nadeln rechts kraus in Reihen gearbeitet. Der Ringschluss erfolgt nach der Rotationsreihe. Daran schließt sich meist noch ein Rippenbündchen an, sodass das Drehbündchen eher den dekorativen Abschluss eines Bündchens bildet.

- Nach Anschlag der benötigten Maschenzahl auf einer Nadel 5 Reihen rechts kraus arbeiten, im Beispiel dreifarbig. Dabei mit der Anschlagfarbe noch eine Reihe, mit den beiden weiteren Farben jeweils 2 Reihen kraus rechts stricken.
- Nun in der Bündchenfarbe rechts stricken, dabei nach 4 Maschen die rechte Nadel einmal um die Bündchenkante rotieren. Diese Drehung nach jeder 4. Masche wiederholen. Am Reihenende wenden und die Maschen im umgekehrten Bündchenmuster abstricken.
- Noch einmal wenden, die Bündchenmaschen gleichmäßig auf 4 Nadeln verteilen und zur Runde schließen.

Nun schließt sich das eigentliche Bündchen an - meist ein verschränktes Rippenbündchen.

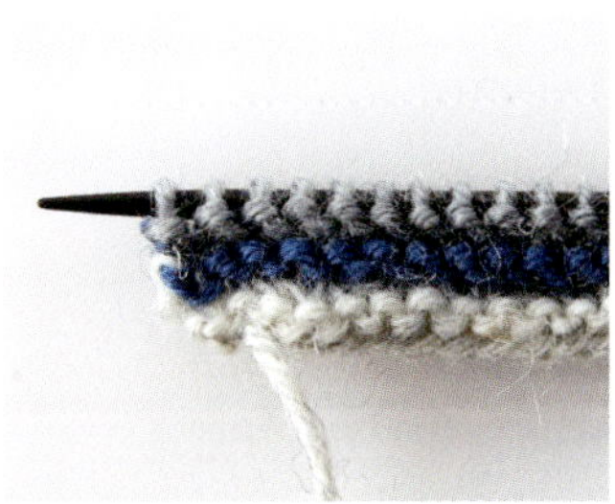

1| Kraus rechts 6 Reihen in 3 Farben

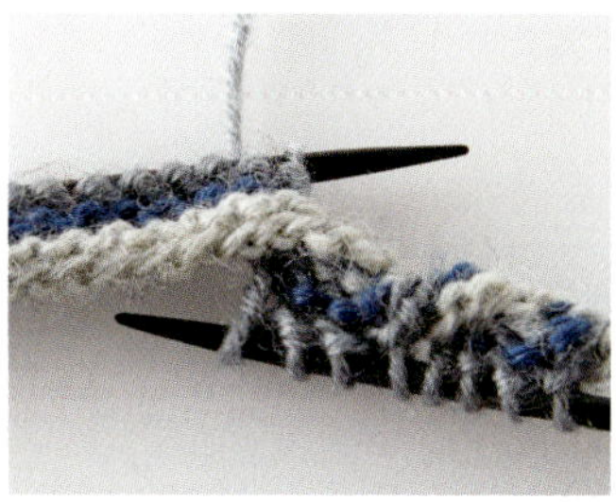

2| Rotationsreihe: 4 Maschen rechts, halbe Drehung rechte Nadel unten

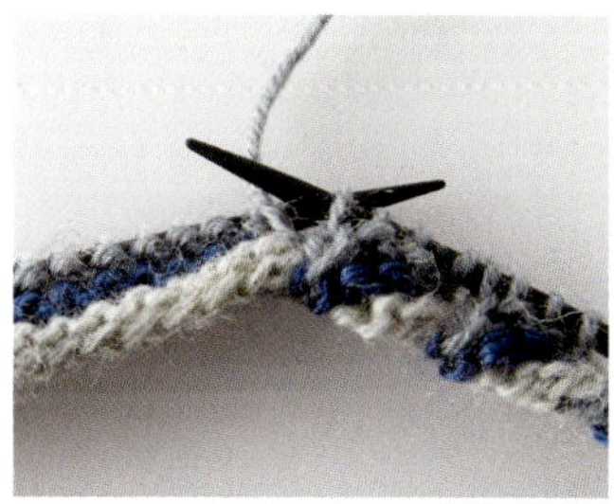

3| Rotationsreihe: nach der Drehung wieder 4 Maschen rechts stricken und die Schritte 2 und 3 fortlaufend wiederholen

TIPP... Es ist ebenso möglich, eine andere Maschenzahl zwischen den Drehungen zu arbeiten. Dabei sollte aber die Teilbarkeit der Maschenanzahl beachtet werden.

Saumbündchen

Die Saumbündchen, auch doppelte Bündchen genannt, ziehen sich nicht zusammen, bleiben aber dehnbar, wenn die Anschlagkante, wie hier gezeigt, abgestrickt wird. Näht man die Anschlagkante nachträglich an, geht dadurch die Dehnbarkeit verloren.

Das Prinzip der Saumbündchen ist bei allen hier vorgestellten Varianten gleich:

- Die benötigte Maschenzahl aufschlingen (so erreicht man große Anschlagmaschen, die leicht auf eine Hilfsnadel aufgenommen werden können) oder im Kreuzanschlag anschlagen und die Maschen zur Runde schließen.
- Die gewünschte Saumhöhe glatt rechts stricken, in der Regel sind das 6–10 Runden. Nun eine Bruchkantenrunde arbeiten. Diese bildet bei den vorgestellten Varianten verschiedene Formen aus. Anschließend glatt rechts eine Runde mehr als für die Innenseite stricken.
- Die Anschlagkante so nach innen umschlagen, dass die Bruchkante den unteren Abschluss bildet.
- Nun kann jede Masche mit ihrer Anschlagschlinge zusammengestrickt werden. Dazu lassen sich mit einer zusätzlichen Spielnadel die Schlingen aus dem Anschlag auffassen und jeweils eine Masche mit einer Schlinge rechts zusammenstricken. Orientiert man sich dabei am Anschlagfädchen (Rundenbeginn), liegen Masche und Anschlagschlinge direkt übereinander.

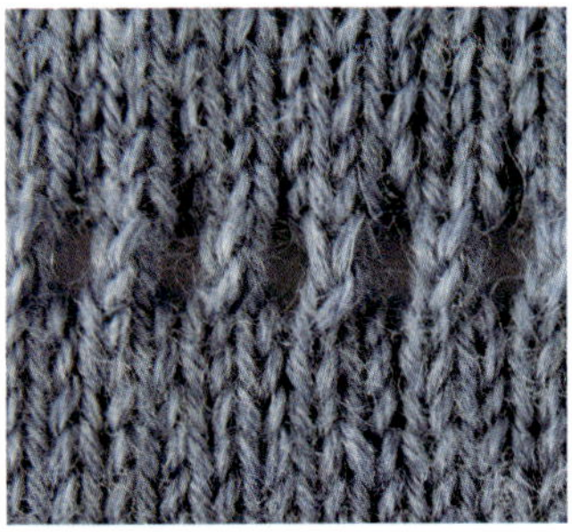

1| Unterer und oberer Teil mit Lochmusterrunde als Bruchkante in der Mitte

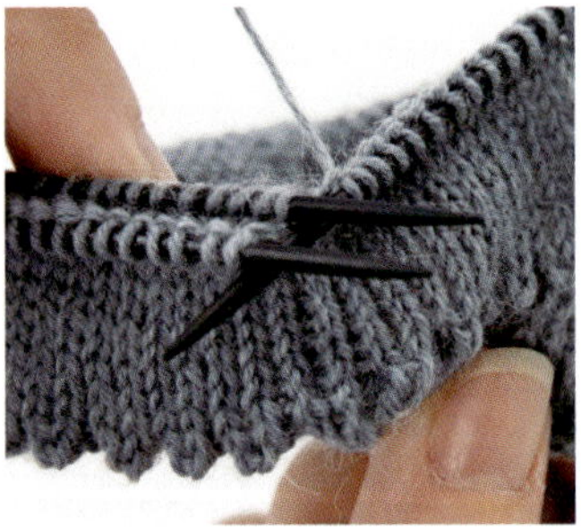

2| In der Kante umschlagen

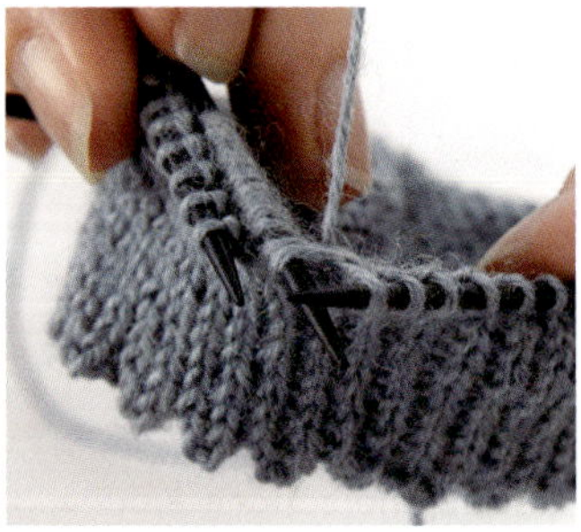

3| Anschlagkante anstricken

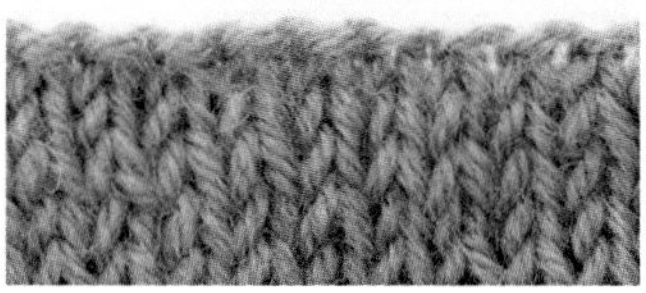

Einfache Bruchkante

Die einfache Bruchkante kann über jede Maschenzahl gearbeitet werden. Die Bruchkantenrunde wird einfach links abgestrickt:

- Alle Maschen links stricken.

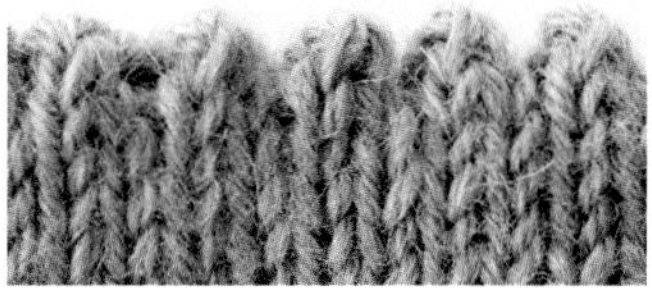

Klassische Mäusezähnchen

Maschenzahl teilbar durch 2.
Die Bruchkantenrunde wird wie folgt abgestrickt:

- *2 Maschen rechts zusammen, 1 Umschlag*.
- In der folgenden Runde alle Maschen und Umschläge glatt rechts stricken.

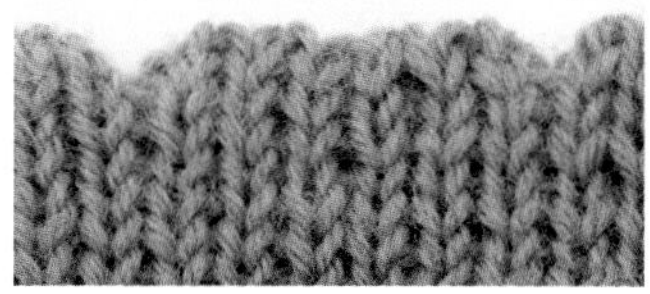

Wellenkante

Maschenzahl teilbar durch 4.
Die Bruchkantenrunde wird wie folgt abgestrickt:

- *1 Umschlag, 2 Maschen abheben und zusammenstricken (Linksneigung), 2 Maschen zusammenstricken (Rechtsneigung), 1 Umschlag*.
- In der folgenden Runde alle Maschen rechts stricken, die beiden aufeinanderfolgenden Umschläge einmal rechts und einmal rechts verschränkt stricken.

TIPP... Die äußeren, glatt rechts gestrickten Runden bieten eine schöne Fläche, um sie durch Perlen, Stickereien oder Streifen zu verzieren.

Fersen

FERSEN BASICS

Überblick über die Nadeln

Eine Runde beginnt mit der Nadel 1, die gut am Anschlagfaden erkennbar ist. Von diesem Faden aus zählt man die Nadeln in Strickrichtung.

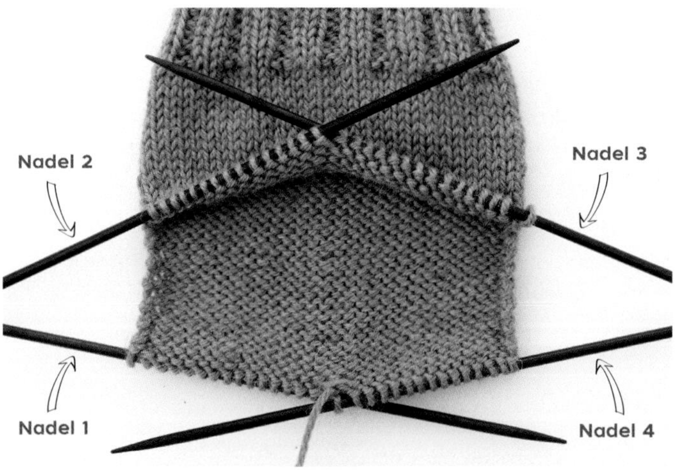

Im Allgemeinen werden Fersen in Reihen über die Maschen der Nadeln 4 und 1 gestrickt, die auch als Fersenmaschen bezeichnet werden. Der Fersenbeginn ist auch hier in der Mitte der Fersenmaschen zwischen den Nadeln 4 und 1. Die Ferse beginnt und endet mit einer halben Hinreihe.

Die Maschen der Nadeln 2 und 3 stilllegen

Hierfür gibt es drei Möglichkeiten: Wer nur kleine Strickbewegungen in den Handgelenken macht, kann die Maschen der Nadeln 2 und 3 problemlos auf den beiden Nadeln verteilt lassen (siehe S. 31 oben links).
Etwas mehr Raum zum Stricken entsteht, indem die Maschen gleichmäßig auf 3 statt auf 2 Nadeln verteilt werden. Das bietet sich besonders dann an, wenn für das Arbeiten der Fersenwand ohnehin eine Spielnadel ungenutzt beiseite gelegt wird (siehe S. 31 oben Mitte).

Noch komfortabler ist es, die stillzulegenden Maschen auf den flexiblen Mittelteil einer Rundstricknadel zu ziehen (siehe S. 31 oben rechts).

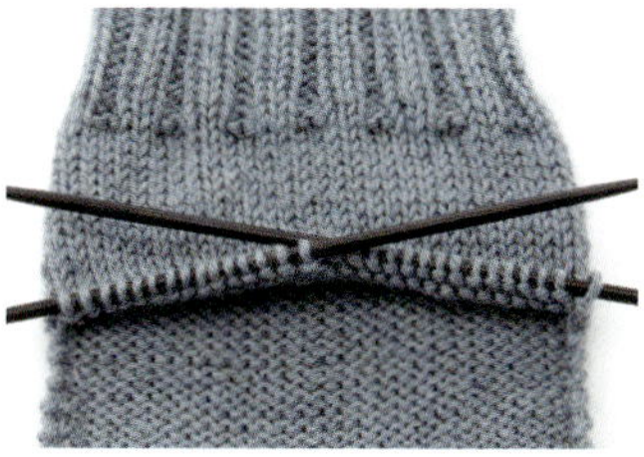

Maschen verteilt auf Nadeln 2 und 3

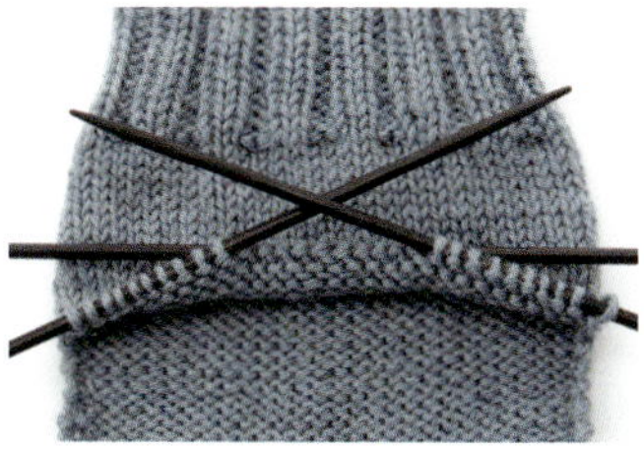

Maschen auf 3 Nadeln verteilt

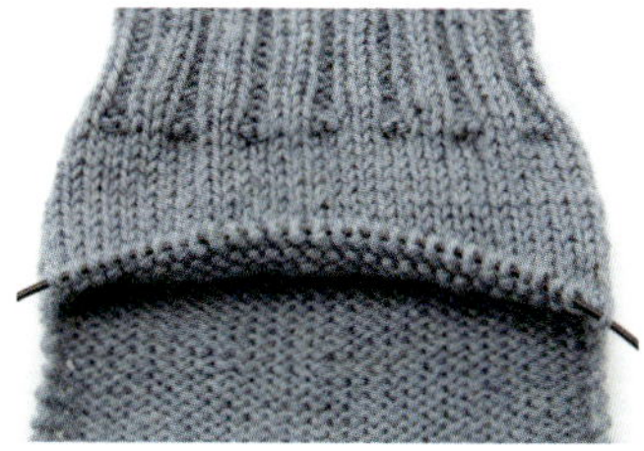

Maschen auf Rundstricknadel gezogen

Zunahme aus dem Querfaden

- Den Querfaden (auch Spannfaden genannt) zwischen zwei Maschen aufnehmen.
- Den Faden verdreht auf die linke Nadel heben und verschränkt abstricken. Durch das Verdrehen werden kleine Löcher vermieden.

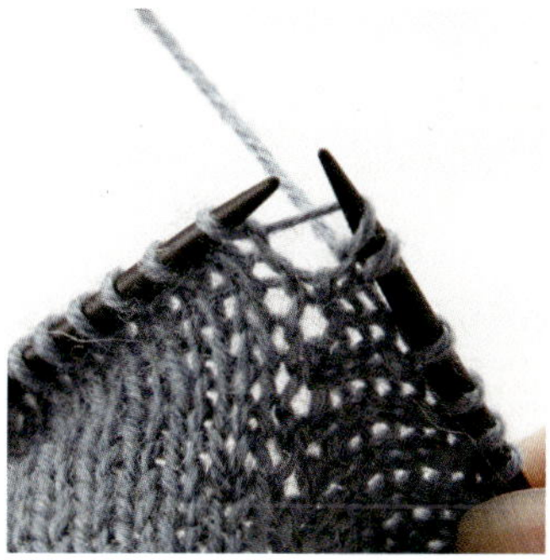

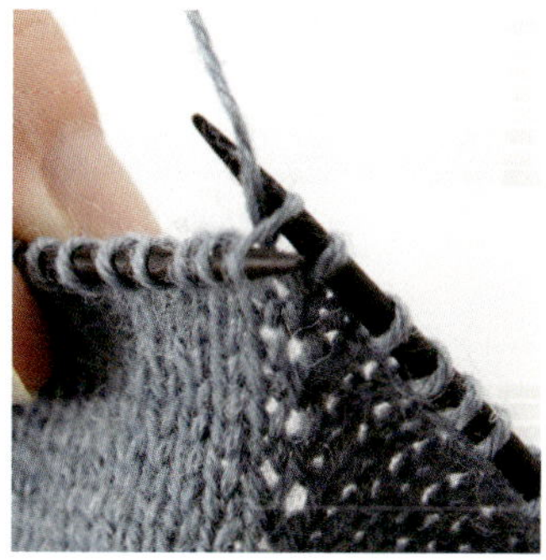

Kleine Seitenlöcher und Verzuglöcher vermeiden

In der ersten Runde nach Aufnahme von Maschen aus der Fersenwand oder nach dem Abstricken von verkürzten Reihen kommt es an den seitlichen Übergängen zwischen Ferse und Oberfuß leicht zu kleinen, aber unschönen Löchern. Um solche Verzuglöcher zu verringern, gehen Sie folgendermaßen vor:

- Den Querfaden zwischen Nadel 1 und 2 und Nadel 3 und 4 auf die Nadel fassen, ihn einmal verdrehen und mit der ersten Masche von Nadel 2, und auf der anderen Seite mit der letzten Masche von Nadel 3, also mit den äußeren Oberfußmaschen, rechts zusammenstricken.

Ebenso ist es möglich, die verdrehten Querfäden mit den beiden äußeren Fersenmaschen zusammenzustricken, also mit der letzten Masche von Nadel 1 und der ersten Masche von Nadel 4.

FERSEN MIT FERSENWAND

Die Fersenwand

Die Fersenwand wird in Hin- und Rückreihen über die Hälfte aller Maschen gestrickt. Um nach der Ferse weiter in Runden arbeiten zu können, werden Maschen aus dem doppelten Perlrand beider Fersenwandseiten aufgefasst. In den folgenden Runden werden die überzähligen Maschen durch Abnahmen reduziert. Diese Abnahmen formen ein sehr charakteristisches Maschendreieck, den Spickel.

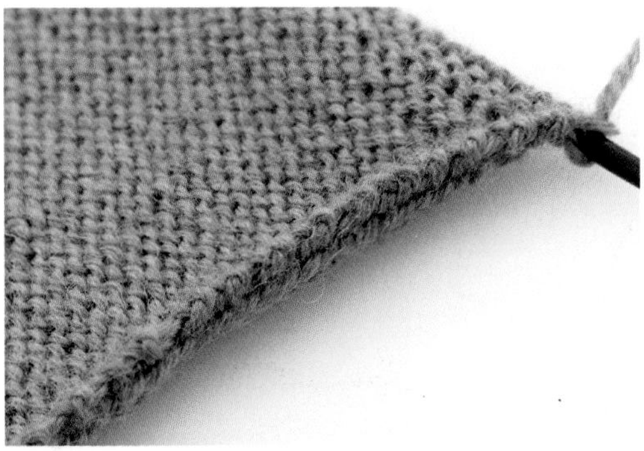

Doppelter Perlrand

Für den doppelten Perlrand werden beide Randmaschen sowohl in der Hinreihe als auch in der Rückreihe rechts abgestrickt. Durch das „doppelte" Abstricken der Randmaschen erreicht man sehr engmaschige, feste Maschenglieder. An beiden Rändern erscheinen kleine Perlen, die jede 2. Reihe markieren.

TIPP... **Um ein Gässchen aus breiten Maschen in der Mitte der Fersenwand zu vermeiden, die Maschen der Nadeln 1 und 4 auf einer Nadel zusammenfassen. Nach Fertigstellung der Fersenwand können die Maschen wieder auf zwei Spielnadeln verteilt werden.**

HINWEIS... **Für die betonte Fersenwand werden die ersten und letzten 2 oder 3 Maschen jeweils rechts (kraus) gestrickt. Die Reihen lassen sich durch die kurzen Rippen an beiden Rändern leichter zählen, und das kleine seitliche Muster sieht zudem noch hübsch aus.**

WICHTIG... **Randmaschen = Die 1. und letzte Masche jeder Reihe**
Angaben zwischen zwei * werden fortlaufend wiederholt.

Auffassen neuer Maschen aus dem doppelten Perlrand

Besonders gleichmäßig gelingt das Auffassen neuer Maschen aus dem doppelten Perlrand, wenn man aus jeder Perle eine Masche herausstrickt.

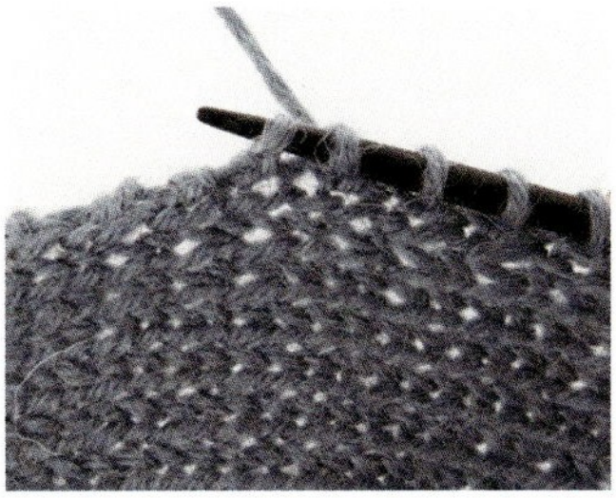

Auffassen neuer Maschen in Hinreihen

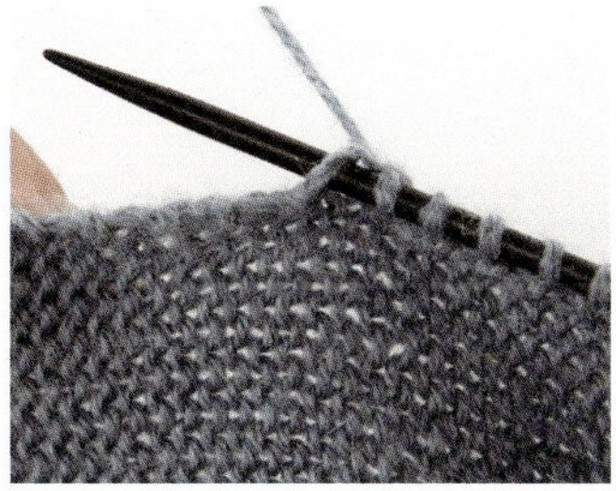

Auffassen neuer Maschen in Rückreihen

- Dazu sticht man mit der rechten Nadel in die nächstliegende Perle ein und strickt eine neue Masche heraus. So nimmt man aus jeder 2. Reihe eine Masche auf.

Die verstärkte Fersenwand

Die Fersenwand wird durch das Tragen der Socken in Schuhen stark beansprucht. Um ein Dünnerwerden des Strickstoffes an dieser Stelle zu vermeiden, kann die Fersenwand dichter gestrickt werden als die restliche Socke.

RIPPENVERSTÄRKUNG

- **1. Reihe (Hinreihe):** Randmasche, *1 Masche rechts, 1 Masche abheben*, Randmasche
- **2. Reihe (Rückreihe):** Randmasche, alle Maschen links, Randmasche

Diese 2 Reihen wiederholen, bis die erforderliche Höhe erreicht ist.

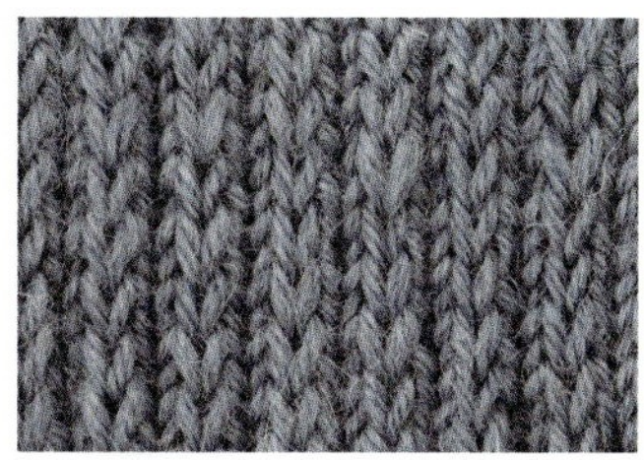

NETZVERSTÄRKUNG

- **1. Reihe (Hinreihe):** Randmasche, *1 Masche rechts, 1 Masche abheben*, Randmasche
- **2. Reihe (Rückreihe):** Randmasche, alle Maschen links, Randmasche
- **3. Reihe (Hinreihe):** Randmasche, 1 Masche abheben, 1 Masche rechts, Randmasche
- **4. Reihe (Rückreihe):** Randmasche, alle Maschen links, Randmasche

Diese 4 Reihen wiederholen, bis die erforderliche Höhe erreicht ist.

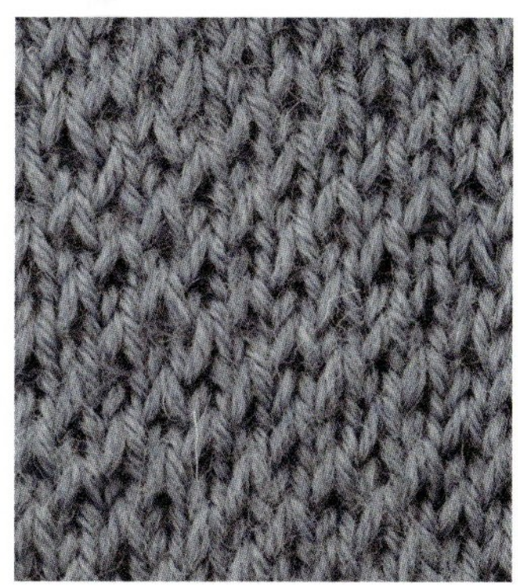

Ferse mit dreiteiligem Käppchen

Diese Ferse ist der absolute Klassiker unter den Fersen, sie wird seit Generationen gestrickt.

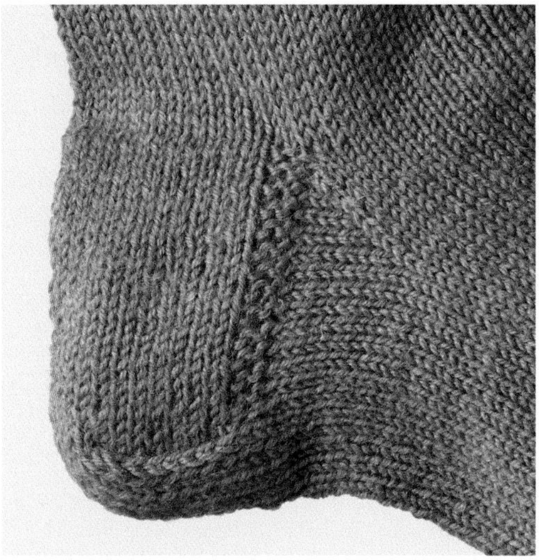

TIPP... **Soll auch das Käppchen noch verstärkt werden, dazu die Verstärkungen durch Hebemaschenmuster jeweils in den Hinreihen entsprechend der Musterverteilung der Fersenwand weiterführen, den Beilaufgarnfaden mit einstricken oder nachträglich einen Faden einweben.**

Die Fersenwand

- Die Maschen der Nadeln 2 und 3 stilllegen.
- Die Maschen der Nadeln 4 und 1 auf einer Spielnadel zusammenfassen und die Fersenwand in Hin- und Rückreihen stricken. Dabei die Randmaschen als doppelten Perlrand arbeiten (erste und letzte Masche jeder Reihe rechts).

Die richtige Fersenwandhöhe ist erreicht, wenn man an beiden Rändern halb so viele Perlen wie Fersenmaschen zählt oder - und das ist das gleiche - so viele Perlen wie Maschen auf einer Spielnadel. Mit einer halben Hinreihe in der Mitte der Ferse enden.

Mascheneinteilung für das Käppchen für 4-fädiges Sockengarn

LL = 210 m/50 g, 30 Maschen x 42 Reihen = 10 cm x 10 cm

Größe	20/21	22/23	24/25	26/27	28/29	30/31	32/33
Maschenzahl gesamt/Nadel	44/11	44/11	48/12	48/12	52/13	52/13	56/14
Fersenmaschen	22	22	24	24	26	26	28
Käppcheneinteilung	7/8/7	7/8/7	8/8/8	8/8/8	9/8/9	9/8/9	9/10/9

Größe	34/35	36/37	38/39	40/41	42/43	44/45	46/47
Maschenzahl gesamt/Nadel	56/14	60/15	60/15	64/16	64/16	68/17	72/18
Fersenmaschen	28	30	30	32	32	34	36
Käppcheneinteilung	9/10/9	10/10/10	10/10/10	10/12/10	10/12/10	11/12/11	12/12/12

Mascheneinteilung für das Käppchen für 6-fädiges Sockengarn

LL = 125 m/50 g, 22 Maschen x 30 Reihen = 10 cm x 10 cm

Größe	20/21	22/23	24/25	26/27	28/29	30/31	32/33
Maschenzahl gesamt/Nadel	32/8	32/8	36/9	36/9	40/10	40/10	44/11
Fersenmaschen	16	16	18	18	20	20	22
Käppcheneinteilung	5/6/5	5/6/5	6/6/6	6/6/6	6/8/6	6/8/6	7/8/7

Größe	34/35	36/37	38/39	40/41	42/43	44/45	46/47
Maschenzahl gesamt/Nadel	44/11	48/12	48/12	52/13	52/13	52/13	56/14
Fersenmaschen	22	24	24	26	26	26	28
Käppcheneinteilung	7/8/7	8/8/8	8/8/8	8/10/8	8/10/8	8/10/8	9/10/9

TIPP... **Bei dieser Ferse ist es Fortgeschrittenen gut möglich, den Tritt individuell besser anzupassen, indem dem Mittelteil mehr oder weniger Maschen zugeteilt werden. Wichtig dabei: die beiden Seitenteile benötigen immer gleich viele Maschen!**

Käppchen

Das Käppchen wird in Reihen nur über die mittleren Maschen der Fersenwand gestrickt. Dazu die Nadeln umsortieren: die stillgelegten Maschen der Nadeln 2 und 3 auf einer Spielnadel zusammenfassen.

Die Fersenmaschen gedanklich in drei Teile einteilen, in zwei gleichgroße Seitenteile und einen Mittelteil. Ist die Maschenzahl nicht glatt durch drei teilbar, wird der Rest immer dem mittleren Teil zugeschlagen.

Die Mascheneinteilung für alle Größen findet sich in den auf S. 35 stehenden Tabellen. Die Ziffer zwischen den Schrägstrichen (/) gibt die Maschenzahl des Mittelteils an, die beiden äußeren Ziffern geben jeweils die Maschenzahl der beiden Seitenteile an.

Auf beiden Seiten der Fersenwand jeweils mit einer der beiden freien Nadeln die der Größe entsprechende Anzahl an Seitenmaschen abheben.

Ausgangspunkt ist die Mitte der Ferse in einer Hinreihe. Die Seitenteilmaschen liegen außen je auf einer Nadel still, der Mittelteil ist zur Hälfte gestrickt. Das Käppchen wird nur über die Maschen des Mittelteils gearbeitet.

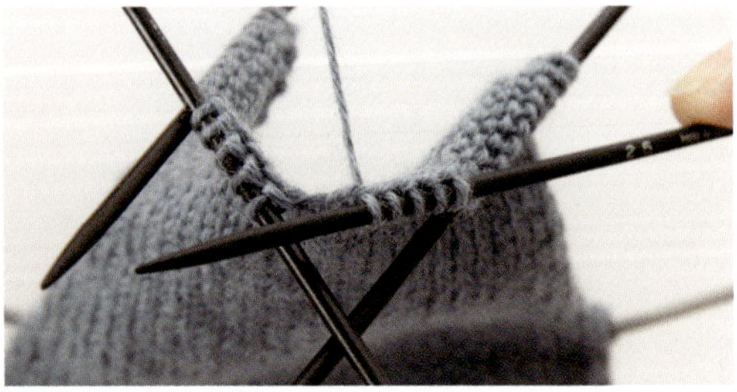

Ausgangspunkt zum Stricken des Käppchens: Mascheneinteilung in zwei Seitenteile und einen Mittelteil

- **1. Reihe (½ Hinreihe):** Glatt rechts stricken, dabei die letzte Masche des Mittelteils abheben, Spielnadel kurz beiseite legen, die 1. Seitenteilmasche ebenfalls abheben, beide rechts zusammenstricken (Linksneigung) und in der Reihe wenden.
- **2. Reihe (Rückreihe):** Die 1. Masche mit der eben abgelegten Spielnadel abheben, die Maschen des Mittelteils links stricken, dabei die letzte Masche des Mittelteils abheben, die Spielnadel beiseite legen, die abgehobene Masche auf die linke Nadel heben, beide links zusammenstricken und in der Reihe wenden.
- **3. Reihe (Hinreihe):** Die 1. Masche mit der eben abgelegten Spielnadel abheben, die Maschen des Mittelteils rechts stricken, dabei die letzte Masche des Mittelteils abheben, die Spielnadel beiseitelegen, die 1. Seitenteilmasche ebenfalls abheben, beide rechts zusammenstricken (Linksneigung) und in der Reihe wenden.

Die Reihen 2 und 3 wiederholen, dazu die 1. Masche jeder Reihe abheben und die letzte Masche mit der folgenden Seitenteilmasche zusammenstricken, bis sich auf den Seitenteilnadeln keine Maschen mehr befinden und nur noch die Maschen des Mittelteils übrig geblieben sind. Mit einer halben Hinreihe in der Mitte der Ferse enden.

Maschenaufnahme und Spickel

- Nach dem Käppchen weiter in Runden stricken und dabei in der ersten Runde neue Maschen aus dem doppelten Perlrand beider Seiten der Fersenwand auffassen (aus jeder Perle eine Masche herausstricken).
- Über alle Nadeln eine weitere Runde stricken: die Nadeln 2 und 3 im Muster, die Maschen der Nadeln 1 und 4 für die Sohle glatt rechts abstricken. Die Maschen der Nadeln 4 und 1 wieder so verteilen, dass sich auf beiden Nadeln gleich viele Maschen befinden. Dann markiert der Übergang von Nadel 4 zu Nadel 1 den Rundenübergang.

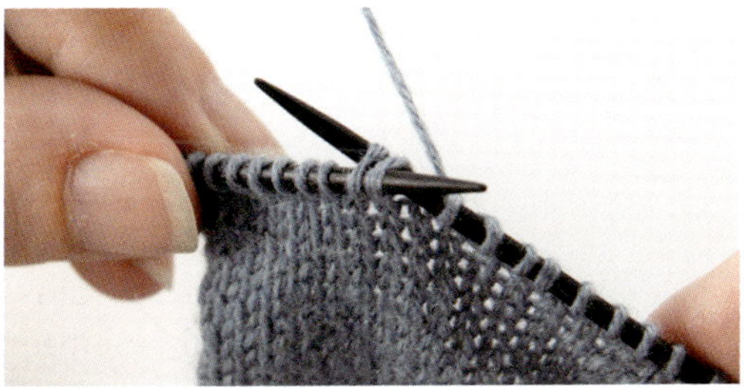

Die letzte Masche des Mittelteils mit der 1. Masche des Seitenteils zusammenstricken

TIPP... **Um seitliche Löcher zu vermeiden, gegebenenfalls in dieser Runde auf beiden Seiten den Querfaden zwischen Ferse und Oberfuß verdreht auf die Nadel nehmen und mit den äußeren Oberfußmaschen (erste Masche von Nadel 2 und letzte Masche von Nadel 3) oder mit den äußeren Fersenmaschen (letzte Masche von Nadel 1 und 1. Masche von Nadel 4) rechts zusammenstricken.**
Ausgangspunkt ist der Rundenanfang bei Nadel 1, nach der Aufnahme der Maschen aus der Fersenwand wurde bereits eine Runde gearbeitet.

Abnahmerunde

- Nadel 1 rechts stricken, dabei die 2.- und 3.-letzte Masche rechts zusammenstricken (Rechtsneigung), Nadel 2 und 3 im Muster, Nadel 4 rechts stricken, dabei die 2. und 3. Masche abheben und rechts zusammenstricken (Linksneigung).

Diese Abnahmerunde in jeder 2. oder 3. Runde so oft wiederholen, bis sich auf den Fersennadeln wieder die ursprüngliche Anzahl an Maschen befindet.
Anschließend den Fuß stricken.

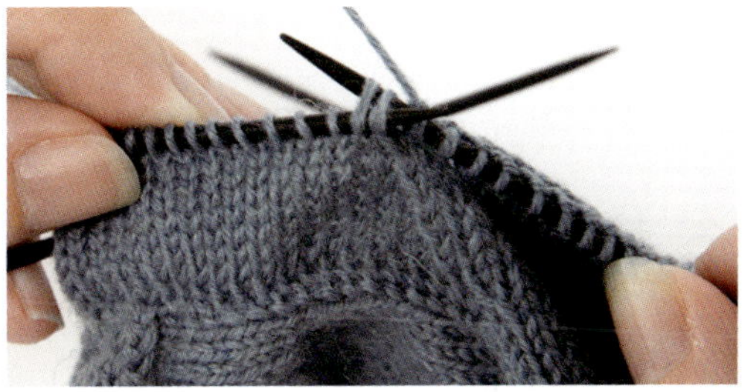

Die Spickelabnahmen in jeder 2. oder 3. Runde wiederholen

Hufeisenferse mit vierteiligem Käppchen

Diese Ferse ist breiter als die klassische Käppchenferse und bietet mehr Raum für den Fuß.

Die Fersenwand

- Die Maschen der Nadeln 2 und 3 stilllegen.
- Die Maschen der Nadeln 4 und 1 auf einer Spielnadel zusammenfassen und eine Fersenwand in Hin- und Rückreihen stricken, dabei die Randmaschen als doppelten Perlrand arbeiten (1. und letzte Masche jeder Reihe rechts).

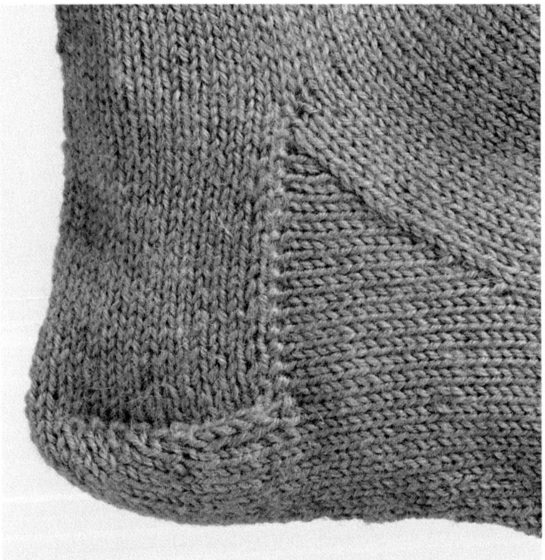

TIPP... Für die Hufeisenferse ist zusätzlich ein Maschenmarkierer, eine Büroklammer oder ein kontrastfarbenes Fädchen hilfreich.

Die richtige Fersenwandhöhe ist erreicht, wenn man an beiden Rändern halb so viele Perlen wie Fersenmaschen bzw. so viele Perlen wie Maschen auf einer Spielnadel zählt.
Mit einer halben Hinreihe in der Mitte der Ferse enden.

Hufeisenkäppchen

Das Hufeisenkäppchen wird in Reihen nur über die mittleren Maschen der Fersenwand gestrickt und kombiniert verkürzte Reihen (Hufeisenrundung) mit dem klassischen Käppchen (Hufeisenschenkel).

- Dazu die stillgelegten Maschen der Nadeln 2 und 3 auf einer Spielnadel zusammenfassen.
- Die Fersenmaschen werden in vier Teile aufgeteilt, in zwei gleich große Seitenteile und in zwei gleich große Mittelteile.

Die Maschenaufteilung für alle Größen der Tabelle S. 39 entnehmen. Dabei geben die Ziffern zwischen den Schrägstrichen (/) die Maschenzahl der beiden Mittelteile an, die beiden äußeren Ziffern jeweils die Maschenzahl der beiden Seitenteile.

Mascheneinteilung für das Hufeisenkäppchen für 4-fädiges Sockengarn

LL = 210 m/50 g, 30 Maschen x 42 Reihen = 10 cm x 10 cm

Größe	20/21	22/23	24/25	26/27	28/29	30/31	32/33
Maschenzahl gesamt/Nadel	44/11	44/11	48/12	48/12	52/13	52/13	56/14
Fersenmaschen	22	22	24	24	26	26	28
Einteilung	5/6/6/5	5/6/6/5	6/6/6/6	6/6/6/6	7/6/6/7	7/6/6/7	8/6/6/8
Bogenmaschen	3	3	3	3	3	3	3

Größe	34/35	36/37	38/39	40/41	42/43	44/45	46/47
Maschenzahl gesamt/Nadel	56/14	60/15	60/15	64/16	64/16	68/17	72/18
Fersenmaschen	28	30	30	32	32	34	36
Einteilung	6/8/8/6	7/8/8/7	7/8/8/7	8/8/8/8	8/8/8/8	9/8/8/9	10/8/8/10
Bogenmaschen	4	4	4	4	4	4	5

Mascheneinteilung für das Hufeisenkäppchen für 6-fädiges Sockengarn

LL = 125 m/50 g, 22 Maschen x 30 Reihen = 10 cm x 10 cm

Größe	20/21	22/23	24/25	26/27	28/29	30/31	32/33
Maschenzahl gesamt/Nadel	32/8	32/8	36/9	36/9	40/10	40/10	44/11
Fersenmaschen	16	16	18	18	20	20	22
Einteilung	4/4/4/4	4/4/4/4	5/4/4/5	5/4/4/5	6/4/4/6	6/4/4/6	6/5/5/6
Bogenmaschen	2	2	2	2	2	2	2

Größe	34/35	36/37	38/39	40/41	42/43	44/45	46/47
Maschenzahl gesamt/Nadel	44/11	48/12	48/12	52/13	52/13	52/13	56/14
Fersenmaschen	22	24	24	26	26	26	28
Einteilung	6/6/6/6	7/6/6/7	7/6/6/7	7/6/6/7	7/6/6/7	7/6/6/7	7/7/7/7
Bogenmaschen	3	3	3	3	3	3	4

Auf beiden Seiten der Fersenwand jeweils mit einer der beiden freien Nadeln die entsprechende Anzahl an Seitenmaschen abheben. Die Fersenmitte markieren, indem ein Maschenmarkierer oder eine Büroklammer auf die rechte Nadel gehängt oder ein kontrastfarbenes Fädchen zwischen die Nadeln gelegt wird.

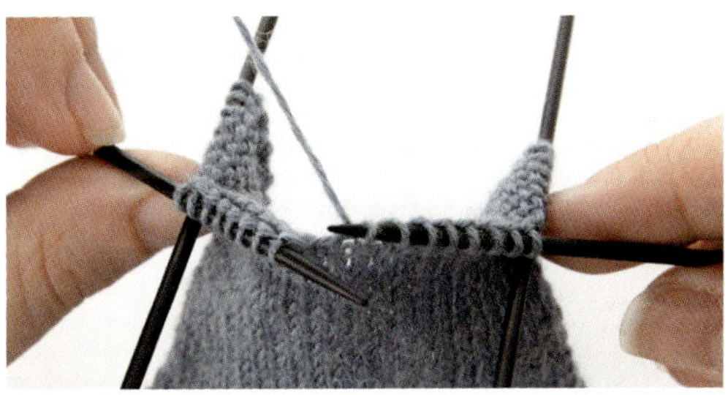

Ausgangspunkt zum Stricken des Hufeisenkäppchens: Mascheneinteilung in 2 Seitenteile und 1 Mittelteil

Hufeisenrundung

Ausgangspunkt ist die Mitte der Ferse in einer Hinreihe. Die Seitenteilmaschen liegen außen je auf einer Nadel still, der Mittelteil ist zur Hälfte gestrickt. Die Fersenmitte ist markiert.

- **1. Reihe (½ Hinreihe):** Die Bogenmaschen (die Hälfte der Maschen des 1. Mittelteils) rechts stricken und wenden.
- **2. Reihe (Rückreihe):** Die 1. Masche links abheben, weiter links bis zur Mitte stricken, die Markierung ganz entfernen, über die Mitte hinaus noch einmal die Anzahl an Bogenmaschen (die Hälfte der Maschen des 2. Mittelteils) links abstricken und wenden.
- **3. Reihe (Hinreihe):** Die 1. Masche rechts abheben und alle bis einschließlich der abgehobenen Masche der unteren Reihe rechts stricken, erkennbar an dem etwas größeren Gässchen zwischen den Maschen (siehe Bild). Noch 1 Masche darüber hinaus rechts stricken und wenden.
- **4. Reihe (Rückreihe):** Die 1. Masche links abheben, bis zur abgehobenen Masche der unteren Reihe und noch 1 Masche zusätzlich links stricken und wenden.

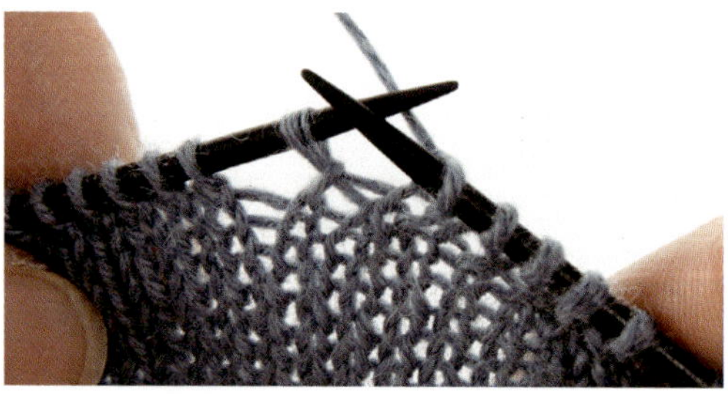

Auf der linken Nadel befinden sich, von rechts gesehen, die abgehobene Masche der Vorreihe, das Gässchen und die noch nicht gestrickten Mittelteilmaschen

Die Reihen 3 und 4 wiederholen und so in jeder Reihe 1 Masche mehr mit in das Hufeisen einstricken, bis die Hufeisenrundung über alle Mittelteilmaschen gearbeitet ist. Mit einer ganzen Rückreihe enden.

Hufeisenschenkel

In allen nun folgenden Reihen wie beim klassischen dreiteiligen Käppchen die 1. Masche jeder Reihe abheben und die letzte Masche mit der folgenden Seitenteilmasche zusammenstricken, bis sich auf den Seitenteilnadeln keine Maschen mehr befinden und nur noch die Maschen des Mittelteils übrig sind.

- **1. Reihe (Hinreihe):** Die 1. Masche abheben, die Maschen des Mittelteils rechts stricken, dabei die letzte Masche des Mittelteils abheben, die Spielnadel kurz beiseite legen, die 1. Seitenteilmasche ebenfalls abheben, beide rechts zusammenstricken (Linksneigung) und in der Reihe wenden.

- **2. Reihe (Rückreihe):** Die 1. Masche mit der eben abgelegten Spielnadel abheben, die Maschen des Mittelteils links stricken, dabei die letzte Masche des Mittelteils abheben, die Spielnadel beiseite legen, die abgehobene Masche auf die linke Nadel heben, beide links zusammenstricken und in der Reihe wenden.

Die Reihen 1 und 2 wiederholen, bis sich nur noch die Hufeisenmaschen auf der Nadel befinden. Mit einer halben Hinreihe enden.

Maschenaufnahme und Spickel

- Nach dem Hufeisenkäppchen weiter in Runden stricken und dabei in der ersten Runde neue Maschen aus dem doppelten Perlrand beider Seiten der Fersenwand auffassen (aus jeder Perle eine Masche herausstricken).
- Über alle Nadeln eine weitere Runde stricken: die Nadeln 2 und 3 im Muster, die Maschen der Nadeln 1 und 4 für die Sohle glatt rechts abstricken. Die Maschen der Nadeln 4 und 1 so verteilen, dass sich auf beiden Nadeln gleich viele Maschen befinden. Dann markiert der Übergang von Nadel 4 zu Nadel 1 wieder den Rundenübergang.

TIPP... **Um seitliche Löcher zu vermeiden, gegebenenfalls in dieser Runde auf beiden Seiten den Querfaden zwischen Ferse und Oberfuß verdreht auf die Nadel nehmen und mit den äußeren Oberfußmaschen (1. Masche von Nadel 2 und letzte Maschen von Nadel 3) oder mit den äußeren Fersenmaschen (letzte Masche von Nadel 1 und 1. Masche von Nadel 4) rechts zusammenstricken.**
Ausgangspunkt ist der Rundenanfang bei Nadel 1, nach der Aufnahme der Maschen aus der Fersenwand wurde bereits eine Runde gearbeitet.

Abnahmerunde

- Nadel 1 rechts stricken, dabei die 2.- und 3.-letzte Masche rechts zusammen (Rechtsneigung), Nadel 2 und 3 im Muster, Nadel 4 rechts stricken, dabei die 2. und 3. Masche abheben und rechts zusammenstricken (Linksneigung).

Diese Abnahmerunde in jeder 2. Runde so oft wiederholen, bis sich auf den Fersennadeln wieder die ursprüngliche Anzahl an Maschen befindet. Anschließend in Runden den Fuß stricken.

Herzchenferse mit zweiteiligem Käppchen

Die Herzchenferse ist die breiteste unter den Fersenwandfersen, sie bietet auch Raum für einen hohen Spann.

Die Fersenwand

- Die Maschen der Nadeln 2 und 3 stilllegen.
- Die Maschen der Nadeln 4 und 1 auf einer Spielnadel zusammenfassen und eine Fersenwand in Hin- und Rückreihen stricken, dabei die Randmaschen als doppelten Perlrand arbeiten (1. und letzte Masche jeder Reihe rechts).

Die richtige Fersenwandhöhe ist erreicht, wenn man an beiden Rändern halb so viele Perlen wie Fersenmaschen zählt oder - und das ist das gleiche - so viele Perlen wie Maschen auf einer Spielnadel zählt. Mit einer halben Hinreihe in der Mitte der Ferse enden.

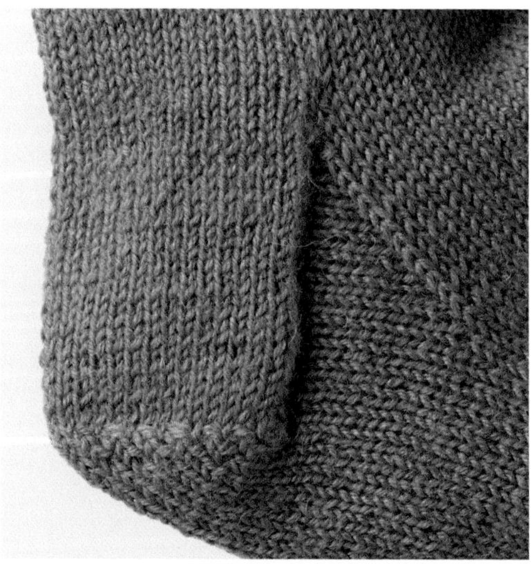

Herzchen

Das Herzchen wird in Reihen nur über die mittleren Maschen der Fersenwand gestrickt. Ausgangspunkt ist die Mitte der Ferse in einer Hinreihe. Die Maschen befinden sich gleichmäßig verteilt auf 4 Spielnadeln.

- **1. Reihe (½ Hinreihe):** Die 1. Masche rechts, 2 Maschen abheben und rechts zusammen (Linksneigung) und eine weitere Masche rechts stricken, wenden.
- **2. Reihe (Rückreihe):** Die 1. Masche links abheben, 3 Maschen links, 2 Maschen links zusammen und eine weitere Masche links stricken, wenden.
- **3. Reihe (Hinreihe):** Die 1. Masche rechts abheben, 4 Maschen rechts bis vor die abgehobene Masche der Vorreihe stricken, 2 Maschen abheben, rechts zusammen (Linksneigung), eine weitere Masche rechts stricken, wenden.
- **4. Reihe (Rückreihe):** Die 1. Masche links abheben, 5 Maschen links bis vor die abgehobene Masche der Vorreihe stricken, 2 Maschen links zusammen und eine weitere Masche links stricken, wenden.

In den folgenden Reihen weiter über die mittleren Fersenmaschen arbeiten. Dabei jeweils die 1. Masche abheben, bis vor die abgehobene Masche der

Vorreihe stricken, diese Masche mit der nächsten Seitenteilmasche zusammenstricken, noch eine weitere Masche abstricken und wenden. Auf diese Weise wächst das Herzchen in jeder Reihe um eine Masche mehr an, bis alle Seitenteilmaschen mit in das Herzchen eingestrickt sind. Dann ist die V-Form der Fersenrundung, das untere Herzchen, gut zu erkennen.

Maschenaufnahme und Spickel

- Nach dem Herzchen weiter in Runden stricken und dabei in der ersten Runde neue Maschen aus dem doppelten Perlrand beider Seiten der Fersenwand auffassen (aus jeder Perle 1 Masche herausstricken).
- Über alle Nadeln eine weitere Runde stricken: die Nadeln 2 und 3 im Muster, die Maschen der Nadeln 1 und 4 für die Sohle glatt rechts abstricken. Die Maschen der Nadeln 4 und 1 wieder so verteilen, dass sich auf beiden Nadeln gleich viele Maschen befinden. Der Übergang von Nadel 4 zu Nadel 1 markiert wieder den Rundenübergang.

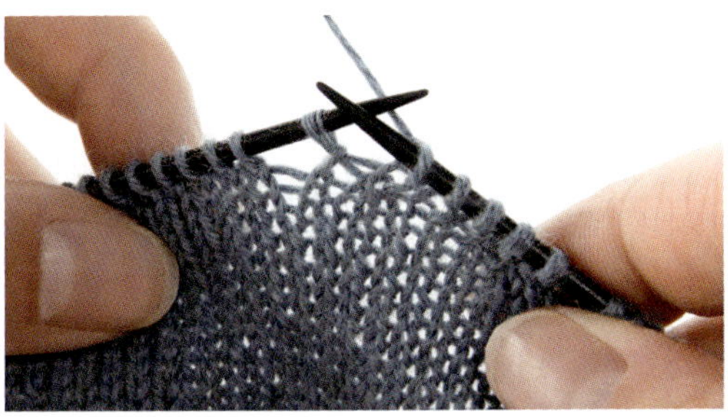

Auf der linken Nadel befinden sich, von rechts gesehen, die abgehobene Masche der Vorreihe, das Gässchen zwischen den Maschen und die noch ungestrickten Herzchenmaschen

TIPP... **Um seitliche Löcher zu vermeiden, gegebenenfalls in dieser Runde auf beiden Seiten den Querfaden zwischen Ferse und Oberfuß verdreht auf die Nadel nehmen und mit den äußeren Oberfußmaschen (1. Masche von Nadel 2 und letzte Maschen von Nadel 3) oder mit den äußeren Fersenmaschen (letzte Masche von Nadel 1 und 1. Masche von Nadel 4) rechts zusammenstricken.**
Ausgangspunkt ist der Rundenanfang bei Nadel 1, nach der Aufnahme der Maschen aus der Fersenwand wurde bereits eine Runde gearbeitet.

Abnahmerunde

- Nadel 1 rechts stricken, dabei die 2.- und 3.-letzte Masche rechts zusammen (Rechtsneigung), Nadel 2 und 3 im Muster, Nadel 4 rechts stricken, dabei die 2. und 3. Masche abheben und rechts zusammenstricken (Linksneigung).

Diese Abnahmerunde in jeder 2. Runde so oft wiederholen, bis sich auf den Fersennadeln wieder die ursprüngliche Anzahl an Maschen befindet. Anschließend in Runden den Fuß stricken.

Runde Ferse

Die runde Ferse kommt ganz ohne verkürzte Reihen aus, sie ist eine gute Alternative für Anfänger.

Die Fersenwand

- Die Maschen der Nadeln 2 und 3 stilllegen.
- Die Maschen der Nadeln 4 und 1 auf einer Spielnadel zusammenfassen und eine Fersenwand in Hin- und Rückreihen stricken, dabei die Randmaschen als doppelten Perlrand arbeiten (1. und letzte Masche jeder Reihe rechts stricken).

Die richtige Fersenwandhöhe ist erreicht, wenn man an beiden Rändern halb so viele Perlen zählt, wie Maschen auf einer Spielnadel angeschlagen wurden. Bei ungerader Maschenzahl arbeitet man noch jeweils eine Perle mehr. Die Fersenwand der runden Ferse wird also nur halb so hoch gearbeitet wie die der anderen Wandfersen!

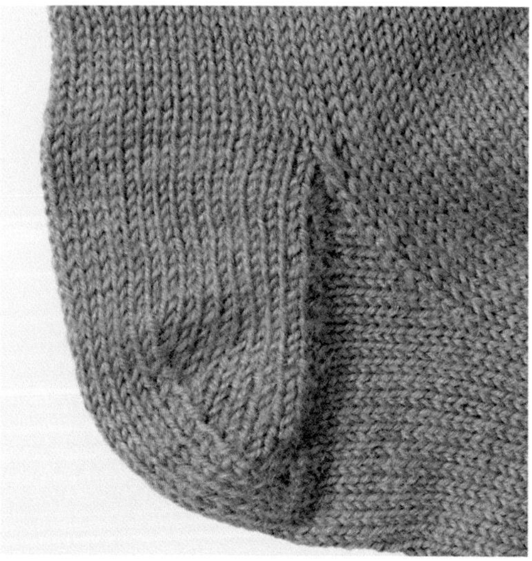

TIPP... **Hilfreich für das Arbeiten einer runden Ferse sind zwei Maschenmarkierer oder Büroklammern.**

Fersenrundung

Die stillgelegten Maschen der Nadeln 2 und 3 auf einer Spielnadel zunächst zusammenfassen, um eine freie Spielnadel beiseitezulegen.
Anders als bei den verschiedenen Käppchen wird die Fersenrundung der runden Ferse stets über alle Fersenwandmaschen gestrickt. Daher ist es sinnvoll, alle Fersenmaschen mit nur einer Nadel abzustricken, um Gässchen in der Fersenmitte zu vermeiden. Auch in diesen Reihen einen Perlrand arbeiten.
Die Fersenmaschen gedanklich in drei Teile einteilen, in zwei gleichgroße Seitenteile und einen Mittelteil. Ist die Maschenzahl nicht glatt durch drei teilbar, wird der Rest immer dem mittleren Teil zugeschlagen.

Mascheneinteilung für die runde Ferse für 4-fädiges Sockengarn

LL = 210 m/50 g, 30 Maschen x 42 Reihen = 10 cm x 10 cm

Größe	20/21	22/23	24/25	26/27	28/29	30/31	32/33
Maschenzahl gesamt/Nadel	44/11	44/11	48/12	48/12	52/13	52/13	56/14
Fersenmaschen	22	22	24	24	26	26	28
Einteilung	7/8/7	7/8/7	8/8/8	8/8/8	8/10/8	8/10/8	9/10/9

Größe	34/35	36/37	38/39	40/41	42/43	44/45	46/47
Maschenzahl gesamt/Nadel	56/14	60/15	60/15	64/16	64/16	68/17	72/18
Fersenmaschen	28	30	30	32	32	34	36
Einteilung	9/10/9	10/10/10	10/10/10	10/12/10	10/12/10	11/12/11	12/12/12

Mascheneinteilung für die runde Ferse für 6-fädiges Sockengarn

LL = 125 m/50 g, 22 Maschen x 30 Reihen = 10 cm x 10 cm

Größe	20/21	22/23	24/25	26/27	28/29	30/31	32/33
Maschenzahl gesamt/Nadel	32/8	32/8	36/9	36/9	40/10	40/10	44/11
Fersenmaschen	16	16	18	18	20	20	22
Einteilung	5/6/5	5/6/5	6/6/6	6/6/6	6/8/6	6/8/6	7/8/7

Größe	34/35	36/37	38/39	40/41	42/43	44/45	46/47
Maschenzahl gesamt/Nadel	44/11	48/12	48/12	52/13	52/13	52/13	56/14
Fersenmaschen	22	24	24	26	26	26	28
Einteilung	7/8/7	8/8/8	8/8/8	8/10/8	8/10/8	8/10/8	9/10/9

Die Mascheneinteilung für alle Größen findet sich schnell in der Tabelle auf S. 45. Die Ziffer zwischen den Schrägstrichen (/) gibt die Maschenzahl des Mittelteils an, die beiden äußeren Ziffern jeweils die Maschenzahl der beiden Seitenteile.

Zur Markierung der Seitenteile auf beiden Seiten der Fersenwand jeweils mit einer der beiden freien Nadeln die entsprechende Anzahl an Seitenmaschen abheben.

Ausgangspunkt ist die Mitte der Ferse in einer Hinreihe. Die Seitenteilmaschen liegen außen je auf einer Nadel, der Mittelteil ist zur Hälfte gestrickt.

- **1. Reihe (Hinreihe):** Glatt rechts stricken, dabei die letzte Masche des Mittelteils abheben und die Nadel beiseite legen, die 1. Seitenteilmasche abheben und beide Maschen rechts zusammenstricken (Linksneigung). Einen Maschenmarkierer auf die rechte Arbeitsnadel hängen, die restlichen Maschen rechts abstricken und am Ende der Reihe wenden.
  Die folgenden Reihen stricken sich bequemer, wenn die auf einer Nadel stillgelegten Maschen der Nadeln 2 und 3 nun wieder gleichmäßig auf 2 Nadeln verteilt werden.
- **2. Reihe (Rückreihe):** Die 1. Masche rechts, dann links stricken. Den Markierer an der entsprechenden Stelle einfach von der linken auf die rechte Nadel heben. Nach der 1. Nadel befindet man sich wieder in der Fersenmitte. Die Maschen der 2. Nadel (½ Mittelteil) links stricken, dabei die letzte Masche abheben und die Nadel beiseitelegen. Die abgehobene Masche auf die linke Nadel heben und beide Maschen links zusammenstricken. Einen zweiten Markierer einhängen, die restlichen Maschen links abstricken und am Ende der Reihe wenden. Alle Fersenmaschen liegen auf nur einer Spielnadel.
- **3. Reihe (Hinreihe):** Rechts stricken, über den vorderen Markierer hinaus, die Masche vor dem nächsten Markierer abheben, Markierer aushängen, die folgende Masche abheben und beide Maschen rechts zusammenstricken. Den Markierer wieder auf die rechte Nadel hängen, die restlichen Maschen rechts abstricken und am Ende der Reihe wenden.
- **4. Reihe (Rückreihe):** Die 1. Masche rechts, dann links stricken, über den vorderen Markierer hinaus, die Masche vor dem nächsten Markierer

abheben, Markierer aushängen, die abgehobene Masche wieder zurück auf die linke Nadel heben und mit der folgenden Masche links zusammenstricken. Den Markierer wieder auf die rechte Nadel hängen, die restlichen Maschen links abstricken und am Ende der Reihe wenden.

Die Reihen 3 und 4 wiederholen, bis sich nur noch die Maschen des Mittelteils auf der Nadel befinden. Soll auch die Fersenrundung noch verstärkt werden, die Verstärkungen durch Hebemaschenmuster dazu jeweils in den Hinreihen entsprechend der Musterverteilung der Fersenwand weiterführen.

Maschenaufnahme und Spickel

- Nach der Fersenrundung weiter in Runden stricken und dabei in der ersten Runde neue Maschen aus dem doppelten Perlrand beider Seiten auffassen (aus jeder Perle eine Masche herausstricken).
- Über alle Nadeln eine weitere Runde stricken: die Nadeln 2 und 3 im Muster, die Maschen der Nadeln 1 und 4 für die Sohle glatt rechts abstricken.

TIPP... **Um seitliche Löcher zu vermeiden, gegebenenfalls in der ersten Runde nach Aufnahme der Maschen auf beiden Seiten den Querfaden zwischen Ferse und Oberfuß verdreht auf die Nadel nehmen und mit den äußeren Oberfußmaschen (1. Masche von Nadel 2 und letzte Maschen von Nadel 3) oder mit den äußeren Fersenmaschen (letzte Masche von Nadel 1 und 1. Masche von Nadel 4) rechts zusammenstricken.**
Ausgangspunkt ist der Rundenanfang bei Nadel 1, nach der Aufnahme der Maschen aus der Fersenwand wurde bereits eine Runde gearbeitet.

Abnahmerunde

- Nadel 1 rechts stricken, dabei die 2.- und 3.-letzte Masche rechts zusammen (Rechtsneigung), Nadel 2 und 3 im Muster, Nadel 4 rechts stricken, dabei die 2. und 3. Masche abheben und rechts zusammenstricken (mit Linksneigung).

Diese Abnahmerunde in jeder 2. Runde so oft wiederholen, bis sich auf den Fersennadeln wieder die ursprüngliche Anzahl an Maschen befindet. Anschließend in Runden den Fuß stricken.

KURS: Doppelmaschen arbeiten

- Die letzte Masche einer verkürzten Reihe wie alle übrigen Maschen abstricken und das Strickstück wenden.
- Den Faden vor die Arbeit nehmen und die Masche wie zum Linksstricken abheben. Zieht man nun den Faden fest nach hinten, ziehen sich die beiden Schlingen der unteren Masche über die Nadel, die Doppelmasche entsteht. Der Faden liegt nun hinten.
- Um mit linken Maschen fortzufahren, den Faden zwischen den Nadeln nach vorne holen.

DOPPELMASCHEN IN HINREIHEN ARBEITEN

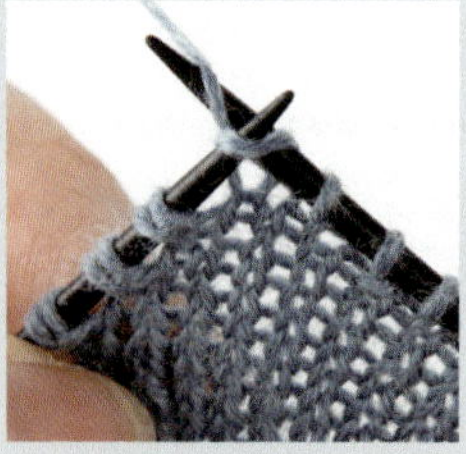

1| Letzte Masche stricken, wenden

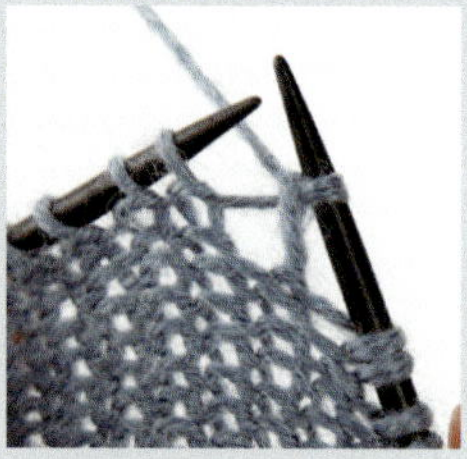

2| Faden nach vorne, abheben

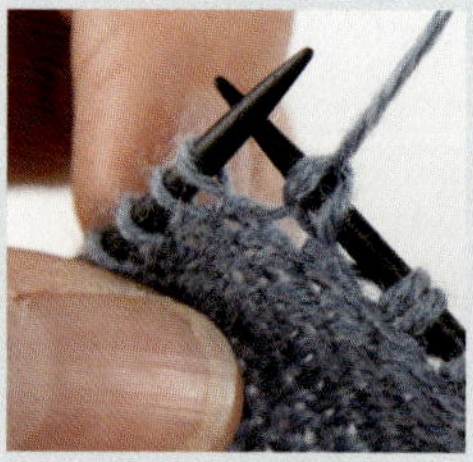

3| Faden nach hinten anziehen

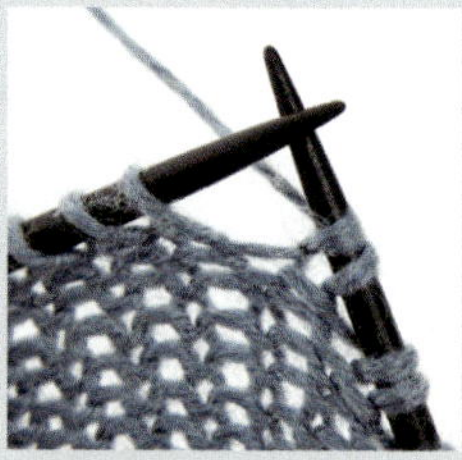

4| Fertige Doppelmasche

DOPPELMASCHEN IN RÜCKREIHEN ARBEITEN

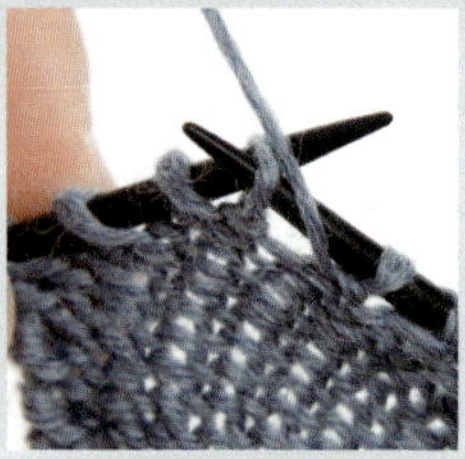

1| Letzte Masche stricken, wenden

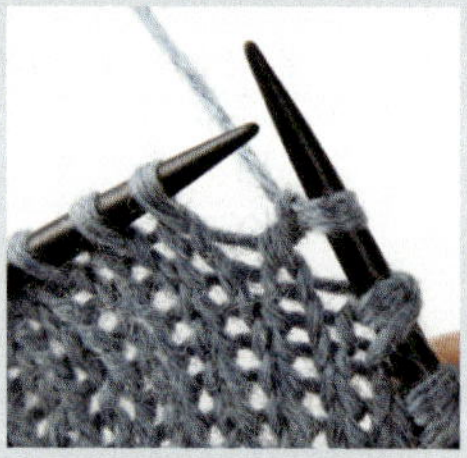

2| Faden nach vorne, abheben

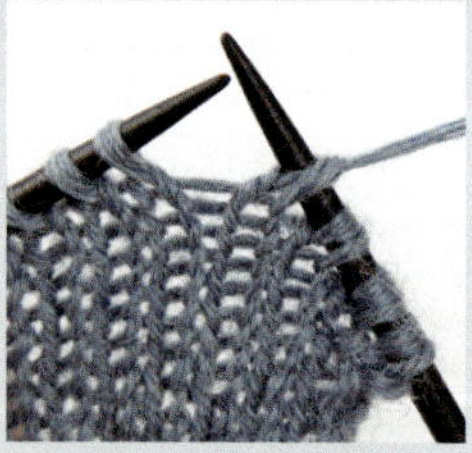

3| Faden nach hinten anziehen

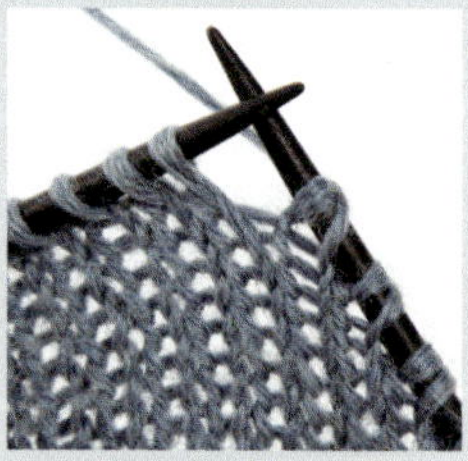

4| Fertige Doppelmasche

DOPPELMASCHEN ABSTRICKEN

Eine Doppelmasche wird als eine Masche abgestrickt. Darauf achten, dass beide Fäden erfasst und zusammen abgestrickt werden.

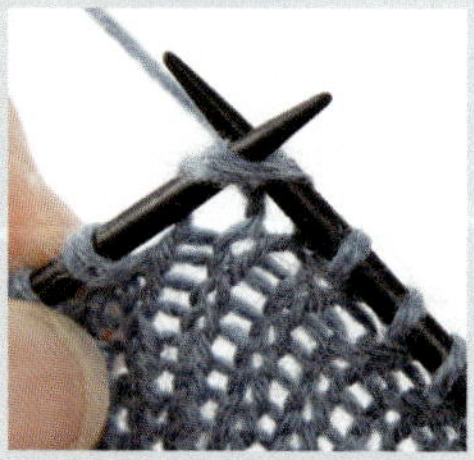

Rechts abstricken

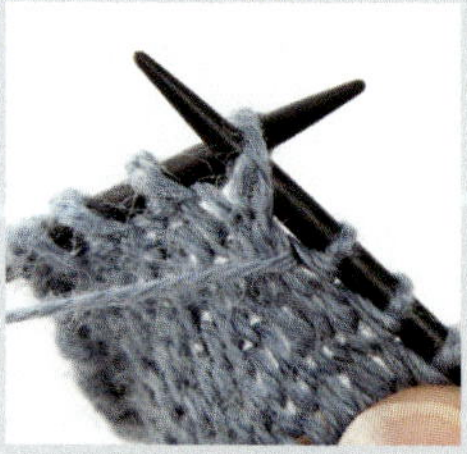

Links abstricken

TIPP... Die Doppelmaschen müssen sehr sorgfältig und gleichmäßig angezogen werden, sonst entstehen leicht Löcher.

FERSEN MIT SCHRÄGNAHT

HINWEIS... Die Fersen mit schräger Seitennaht sind kürzer als Fersen mit Fersenwand. Wer sie optisch etwas strecken möchte, strickt die Maschen der Nadeln 1 und 4 bereits 1 bis 2 cm vor Beginn der Ferse glatt rechts und strickt die Maschen der Nadeln 2 und 3 weiter im Schaftmuster.

Bumerangferse

Die Bumerangferse ist die klassische Schrägnahtferse für alle, die kein Käppchen stricken möchten.

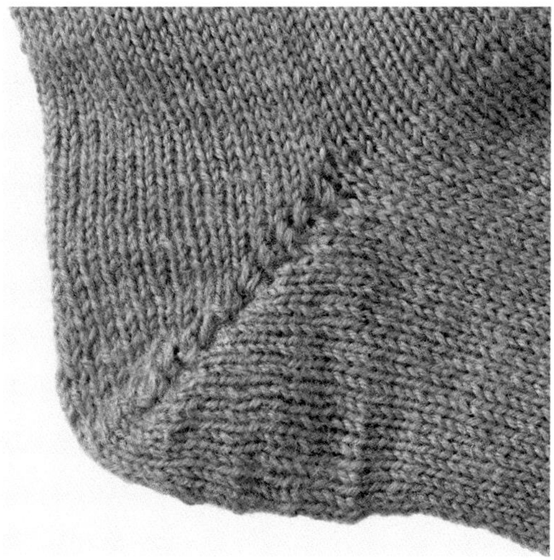

Die Fersenmaschen gedanklich in zwei gleichgroße Seitenteile und einen Mittelteil einteilen. Die Mascheneinteilung für alle Größen findet sich in der Tabelle auf S. 51. Die Ziffer zwischen den Schrägstrichen (/) gibt die Maschenzahl des Mittelteils an, die beiden äußeren Ziffern geben jeweils die Maschenzahl der Seitenteile an.

Oberer Teil

Ausgangspunkt ist eine Hinreihe in der Mitte der Ferse zwischen den Nadeln 4 und 1.
Die letzte Masche jeder Reihe wird als Doppelmasche gearbeitet, sodass mit jeder Reihe am äußeren Rand der Ferse jeweils eine Doppelmasche mehr hinzukommt. Die Reihen werden kürzer und von Reihe zu Reihe werden weniger Maschen abgestrickt.

- **1. Reihe (½ Hinreihe):** Alle Maschen rechts abstricken, aus der letzten Masche 1 Doppelmasche arbeiten.
- **2. Reihe (Rückreihe):** Den Faden zwischen den beiden Nadeln nach vorne holen, alle Maschen links abstricken und aus der letzten Masche eine Doppelmasche arbeiten.
- **3. Reihe (Hinreihe):** Alle Maschen rechts abstricken, aus der letzten Masche vor der doppelten Masche am Reihenende 1 Doppelmasche arbeiten. Darauf achten, keine Masche zu übersehen, denn die letzte reguläre Masche und die Doppelmasche liegen häufig sehr eng beieinander.

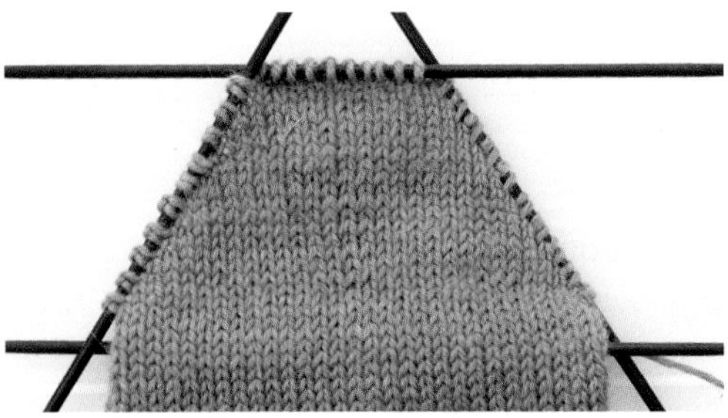

Oberer Teil der Bumerangferse

- **4. Reihe (Rückreihe):** Den Faden zwischen den beiden Nadeln nach vorne holen, alle Maschen links abstricken und aus der letzten Masche 1 Doppelmasche arbeiten.

Die Reihen 3 und 4 wiederholen, bis alle Seitenteilmaschen als Doppelmaschen gearbeitet sind. Die Maschen des Mittelteils liegen noch als reguläre Maschen vor.

Zwischenrunden

Wenn alle nötigen Doppelmaschen für den oberen Teil gearbeitet sind, über die Maschen und Doppelmaschen aller 4 Nadeln 2 Zwischenrunden stricken. Die Maschen der Nadeln 1 und 4 glatt rechts, die Maschen der Nadeln 2 und 3 im Schaftmuster arbeiten. Darauf achten, beim Abstricken der Doppelmaschen mit der Nadel in beide Fäden einzustechen. Anschließend die Maschen der Nadeln 2 und 3 wieder stilllegen.

Unterer Teil

Mit den inneren Seitenteilmaschen beginnen und in jeder Reihe jeweils 1 Masche über die Doppelmasche der Vorreihe hinausstricken.

- **1. Reihe (Hinreihe):** Die Maschen des Mittelteils rechts stricken und aus der nächsten Masche (1. Seitenteilmasche) 1 Doppelmasche arbeiten.
- **2. Reihe (Rückreihe):** Alle Maschen des Mittelteils links abstricken und

Mascheneinteilung für Schrägnahtfersen für 4-fädiges Sockengarn

LL = 210 m/50 g, 30 Maschen x 42 Reihen = 10 cm x 10 cm

Größe	20/21	22/23	24/25	26/27	28/29	30/31	32/33
Maschenzahl gesamt/Nadel	44/11	44/11	48/12	48/12	52/13	52/13	56/14
Fersenmaschen	7/8/7	7/8/7	8/8/8	8/8/8	8/10/8	8/10/8	9/10/9

Größe	34/35	36/37	38/39	40/41	42/43	44/45	46/47
Maschenzahl gesamt/Nadel	56/14	60/15	60/15	64/16	64/16	68/17	72/18
Fersenmaschen	9/10/9	10/10/10	10/10/10	10/12/10	10/12/10	11/12/11	12/12/12

Mascheneinteilung für Schrägnahtfersen für 6-fädiges Sockengarn

LL = 125 m/50 g, 22 Maschen x 30 Reihen = 10 cm x 10 cm

Größe	20/21	22/23	24/25	26/27	28/29	30/31	32/33
Maschenzahl gesamt/Nadel	32/8	32/8	36/9	36/9	40/10	40/10	44/11
Fersenmaschen	5/6/5	5/6/5	6/6/6	6/6/6	6/8/6	6/8/6	7/8/7

Größe	34/35	36/37	38/39	40/41	42/43	44/45	46/47
Maschenzahl gesamt/Nadel	44/11	48/12	48/12	52/13	52/13	52/13	56/14
Fersenmaschen	7/8/7	8/8/8	8/8/8	8/10/8	8/10/8	8/10/8	9/10/9

aus der nächsten Masche 1 Doppelmasche arbeiten.

- **3. Reihe (Hinreihe):** Alle Maschen bis zur Doppelmasche der Vorreihe, die Doppelmasche selbst und noch eine weitere Masche rechts abstricken. Aus dieser letzten Masche 1 Doppelmasche arbeiten.
- **4. Reihe (Rückreihe):** Alle Maschen bis zur Doppelmasche der Vorreihe, die Doppelmasche selbst und noch eine weitere Masche links abstricken. Aus dieser letzten Masche 1 Doppelmasche arbeiten.

Die Reihen 3 und 4 so lange wiederholen, bis die beiden äußeren Maschen als Doppelmaschen auf der Nadel liegen. Mit einer halben Hinreihe in der Fersenmitte zwischen den Maschen der Nadeln 4 und 1 enden. Nun mit einer zweiten Spielnadel in Runden weiterarbeiten, so sind alle Maschen wieder in ursprünglicher Nadelverteilung. Dabei die beiden äußeren Doppelmaschen am Ende von Nadel 1 und am Anfang von Nadel 4 rechts abstricken. Anschließend in Runden den Fuß stricken.

Bumerangferse mit zweifachen Doppelmaschen

Zweifache Doppelmaschen sorgen für eine verstärkte Seitennaht, die weniger anfällig für Löcher ist.

Oberer Teil

Dieser Teil wird wie der obere Teil der Bumerangferse gestrickt. Die Einteilung der Maschen in Seitenteile und Mittelteil geschieht wie bei der Bumerangferse. Die Angaben für die jeweilige Größe sind der dort abgebildeten Tabelle zu entnehmen (vgl. S. 51 Tabelle Mascheneinteilung für Schrägnahtfersen).
Die Maschen der Nadeln 2 und 3 stilllegen. Ausgangspunkt ist eine Hinreihe

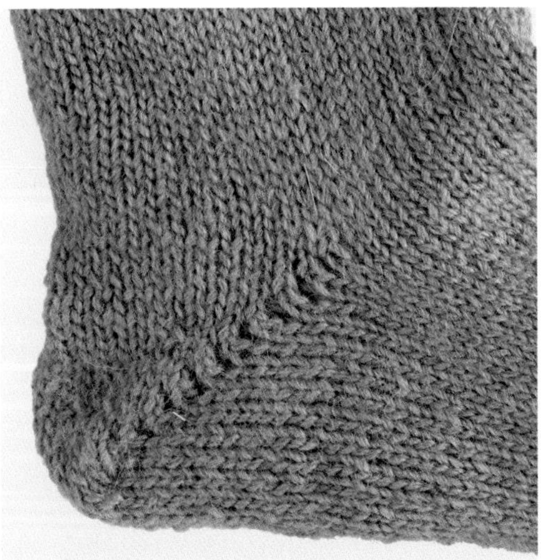

in der Mitte der Ferse zwischen den Nadeln 4 und 1.

- **1. Reihe (½ Hinreihe):** Alle Maschen rechts abstricken, aus der letzten Masche 1 Doppelmasche arbeiten.
- **2. Reihe (Rückreihe):** Den Faden zwischen den beiden Nadeln nach vorne holen, alle Maschen links abstricken und aus der letzten Masche 1 Doppelmasche arbeiten.
- **3. Reihe (Hinreihe):** Alle Maschen rechts abstricken, aus der letzten Masche vor der doppelten Masche am Reihenende 1 Doppelmasche arbeiten. Darauf achten, keine Masche zu übersehen, denn die letzte Masche und die Doppelmasche liegen häufig sehr eng beieinander.
- **4. Reihe (Rückreihe):** Den Faden zwischen den beiden Nadeln nach vorne holen, alle Maschen links abstricken und aus der letzten Masche 1 Doppelmasche arbeiten.

Die Reihen 3 und 4 wiederholen, bis alle Seitenteilmaschen als Doppelmaschen gearbeitet sind. Die Maschen des Mittelteils liegen noch als reguläre Maschen vor.

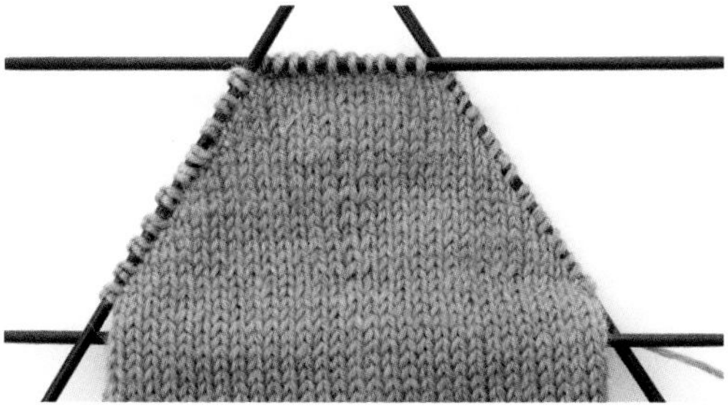

Oberer Teil der Bumerangferse

Unterer Teil

Nach dem oberen Teil gleich ohne Zwischenrunden den unteren Teil der Bumerangferse arbeiten.

- **1. Reihe (Hinreihe):** Die Maschen des Mittelteils rechts stricken und aus der 1. Doppelmasche direkt eine neue, eine zweifache Doppelmasche arbeiten: die Doppelmasche abstricken, wenden, den Faden vor die Arbeit holen und ihn fest nach hinten ziehen. Bei der zweifachen Doppelmasche liegen nun 4 Fäden auf der Nadel.
- **2. Reihe (Rückreihe):** Die Maschen links stricken und aus der nächsten Doppelmasche direkt eine neue, zweifache Doppelmasche arbeiten.
- **3. Reihe (Hinreihe):** Die Maschen und die nächste zweifache Doppelmasche rechts abstricken, aus der folgenden Doppelmasche eine zweifache Doppelmasche arbeiten.
- **4. Reihe (Rückreihe):** Die Maschen und die nächste zweifache Doppelmasche links abstricken, aus der folgenden Doppelmasche eine zweifache Doppelmasche arbeiten.

Die Reihen 3 und 4 so lange wiederholen, bis die beiden äußeren Fersenmaschen als zweifache Doppelmaschen auf der Nadel liegen.
Mit einer halben Hinreihe in der Fersenmitte zwischen den Maschen der Nadeln 4 und 1 enden.
Mit einer zweiten Spielnadel in Runden weiterarbeiten, so sind alle Maschen wieder in ursprünglicher Nadelverteilung. Dabei die beiden äußeren zweifachen Doppelmaschen am Ende von Nadel 1 und am Anfang von Nadel 4 rechts abstricken. Anschließend in Runden den Fuß stricken.

WICHTIG… **Beim Abstricken der zweifachen Doppelmaschen darauf achten, in beide vorderen Fäden einzustechen.**

Bumerangferse in runder Form

Die runde Form der Bumerangferse ist eine tolle Alternative für breite Fersen.

ACHTUNG! **Die Bumerangferse in runder Form ist die einzige Schrägnahtferse, die sich nicht zugleich als Fußspitze eignet.**

Oberer Teil

Dieser Teil wird wie der obere Teil der Bumerangferse gestrickt. Die Einteilung der Maschen in Seitenteile und Mittelteil geschieht wie bei der Bumerangferse. Die Angaben für die jeweilige Größe sind der dort abgebildeten Tabelle zu entnehmen (vgl. S. 51 Tabelle Mascheneinteilung für Schrägnahtfersen).

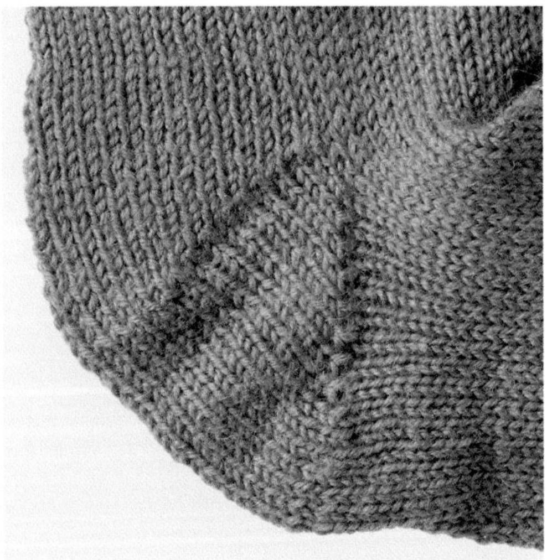

Die Maschen der Nadeln 2 und 3 stilllegen. Ausgangspunkt ist eine Hinreihe in der Fersenmitte zwischen den Nadeln 1 und 4.
Die Ferse wird nun über die Maschen der Nadeln 1 und 4 in verkürzten Reihen mit Doppelmaschen gearbeitet.

- **1. Reihe (½ Hinreihe):** Alle Maschen rechts abstricken, aus der letzten Masche 1 Doppelmasche arbeiten.
- **2. Reihe (Rückreihe):** Den Faden zwischen den beiden Nadeln nach vorne holen, alle Maschen links abstricken und aus der letzten Masche 1 Doppelmasche arbeiten.
- **3. Reihe (Hinreihe):** Alle Maschen rechts abstricken, aus der letzten Masche vor der doppelten Masche am Reihenende 1 Doppelmasche arbeiten. Darauf achten, keine Masche zu übersehen, denn die letzte reguläre Masche und die Doppelmasche liegen häufig sehr eng beieinander.
- **4. Reihe (Rückreihe):** Den Faden zwischen den beiden Nadeln nach vorne holen, alle Maschen links abstricken und aus der letzten Masche 1 Doppelmasche arbeiten.

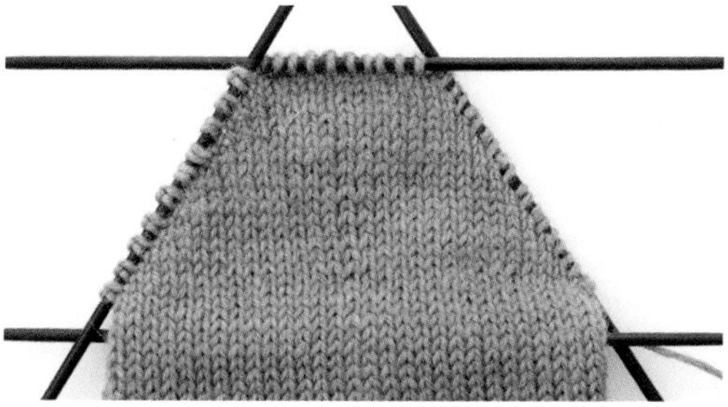

Oberer Teil der Bumerangferse

Die Reihen 3 und 4 wiederholen, bis alle Seitenteilmaschen als Doppelmaschen gearbeitet sind. Die Maschen des Mittelteils liegen noch als reguläre Maschen vor.

Zwischenrunden

Wenn alle erforderlichen Doppelmaschen für den oberen Teil gearbeitet sind, über die Maschen und Doppelmaschen aller 4 Nadeln 2 Zwischenrunden stricken. Dabei über die Maschen der Nadeln 1 und 4 glatt rechts, über die Maschen der Nadeln 2 und 3 im Schaftmuster arbeiten. Darauf achten, beim Abstricken der Doppelmaschen mit der Nadel in beide Fäden einzustechen. Anschließend die Maschen der Nadeln 2 und 3 wieder stilllegen.

Oberer Teil als unterer Teil

- Für den unteren Teil der Bumerangferse in runder Form noch einmal einen oberen Teil arbeiten.

Mit einer halben Hinreihe in der Fersenmitte zwischen den Maschen der Nadeln 4 und 1 enden.
Mit einer zweiten Spielnadel in Runden weiterarbeiten, so sind alle Maschen wieder in ursprünglicher Nadelverteilung. Dabei die beiden äußeren Doppelmaschen am Ende von Nadel 1 und am Anfang von Nadel 4 jeweils rechts abstricken. Anschließend in Runden den Fuß stricken.

Zu- und Abnahmespickel für Schrägnahtfersen

Dieser Spickel sorgt für deutlich mehr Raum in Ferse und Spann und kann bei Bedarf noch durch zusätzliche Maschen erweitert werden.

HINWEIS… Dieser Spickel ist für alle Schrägnahtfersen mit Ausnahme der Hybridferse geeignet, da diese bereits einen Spickel enthält.

Zunahme der Spickelmaschen

Ausgangspunkt ist eine Hinreihe zwischen den Nadeln 1 und 4. Mit den Spickelzunahmen beginnen, wenn noch etwa doppelt so viele Reihen in der Beinlänge bis zur Ferse fehlen, wie Spickelmaschen zugenommen werden sollen (vgl. Tabelle rechts).

- **Zunahmerunde:** Aus dem Querfaden zwischen den Nadeln 1 und 2 sowie zwischen den Nadeln 3 und 4 je eine Masche rechts verschränkt herausstricken.

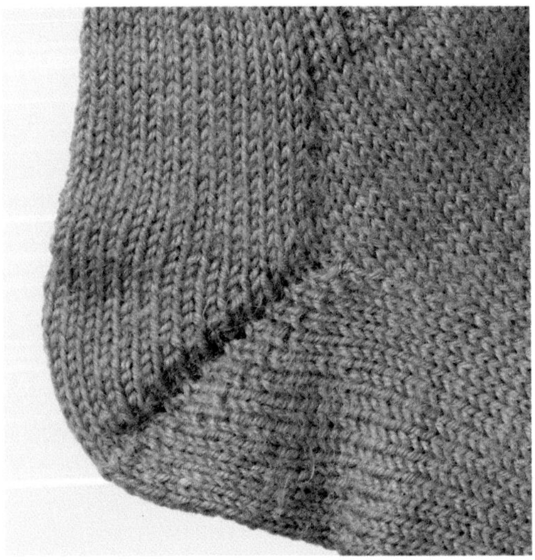

Die neuen Maschen zählen zu den Oberfußmaschen und liegen auf den Nadeln 2 und 3. Über die Nadeln selbst noch im Schaftmuster arbeiten oder für einen höheren optischen Ansatz der Ferse die Maschen der Nadeln 4 und 1 bereits glatt rechts stricken.
Die Zunahmerunde in jeder 2. Runde wiederholen, bis die gewünschte Anzahl an Spickelmaschen erreicht ist.

Ferse mit schräger Naht

Die Maschen der Nadeln 2 und 3 stilllegen. Über die Maschen der Nadel 4 und 1 wird nun eine Schrägnahtferse gearbeitet.

Abnahme der Spickelmaschen

Die Spickelabnahmen schließen sich an die letzte Reihe der Ferse mit verkürzten Reihen an.

- **Abnahmerunde:** Die letzte Masche von Nadel 1 und die 1- Masche von Nadel 2 abheben und rechts zusammenstricken (Linksneigung). Nadel 2 und 3 im Muster und die letzte Masche von Nadel 3 und die 1. Masche von Nadel 4 rechts zusammenstricken (Rechtsneigung).

Anzahl der aufzunehmenden Spickelmaschen für 4-fädiges Sockengarn

LL = 210 m/50 g, 30 Maschen x 42 Reihen = 10 cm x 10 cm

Größe	20/21	22/23	24/25	26/27	28/29	30/31	32/33
Maschenzahl gesamt/Nadel	44/11	44/11	48/12	48/12	52/13	52/13	56/14
Einteilung	7/8/7	7/8/7	8/8/8	8/8/8	8/10/8	8/10/8	9/10/9
Spickelmaschen	4	4	4	4	4	4	5

Größe	34/35	36/37	38/39	40/41	42/43	44/45	46/47
Maschenzahl gesamt/Nadel	56/14	60/15	60/15	64/16	64/16	68/17	72/18
Einteilung	9/10/9	10/10/10	10/10/10	10/12/10	10/12/10	11/12/11	12/12/12
Spickelmaschen	5	5	5	5	5	6	6

Anzahl der aufzunehmenden Spickelmaschen für 6-fädiges Sockengarn

LL = 125 m/50 g, 22 Maschen x 30 Reihen = 10 cm x 10 cm

Größe	20/21	22/23	24/25	26/27	28/29	30/31	32/33
Maschenzahl gesamt/Nadel	32/8	32/8	36/9	36/9	40/10	40/10	44/11
Einteilung	5/6/5	5/6/5	6/6/6	6/6/6	6/8/6	6/8/6	7/8/7
Spickelmaschen	3	3	3	3	3	3	4

Größe	34/35	36/37	38/39	40/41	42/43	44/45	46/47
Maschenzahl gesamt/Nadel	44/11	48/12	48/12	52/13	52/13	52/13	56/14
Einteilung	7/8/7	8/8/8	8/8/8	8/10/8	8/10/8	8/10/8	9/10/9
Spickelmaschen	4	4	4	4	4	4	5

Die folgenden Abnahmerunden stricken sich komfortabler, wenn die äußeren Fersenmaschen (1. Masche von Nadel 4 und letzte Masche von Nadel 1), mit auf die Nadeln 2 und 3 verteilt und erst nach den Spickelabnahmen wieder zurückgehoben werden. Diese Abnahmerunde in jeder 2. Runde so lange wiederholen, bis alle zusätzlichen Spickelmaschen abgenommen sind und die ursprüngliche Maschenzahl wieder erreicht ist. Anschließend in Runden den Fuß stricken.

Hybridferse

Die Hybridferse ist eine Kombination aus Fersenwand, Spickel und verkürzten Reihen.

HINWEIS... Mit Ausnahme der Schrägnahtferse mit Zu- und Abnahmespickel sind alle übrigen Fersen mit schräger Naht geeignet, mit Hybridspickel gearbeitet zu werden.

Fersenwand

- Die Maschen der Nadeln 2 und 3 stilllegen.
- Über die Maschen der Nadeln 4 und 1 eine kurze Fersenwand in Hin- und Rückreihen arbeiten, dabei die beiden Randmaschen jeder Reihe rechts abstricken, sodass ein doppelter Perlrand entsteht.

Die richtige Fersenwandhöhe ist erreicht, wenn man an beiden Seiten so viele Perlen zählt, wie Spickelmaschen benötigt werden (vgl. Tabellen rechts).

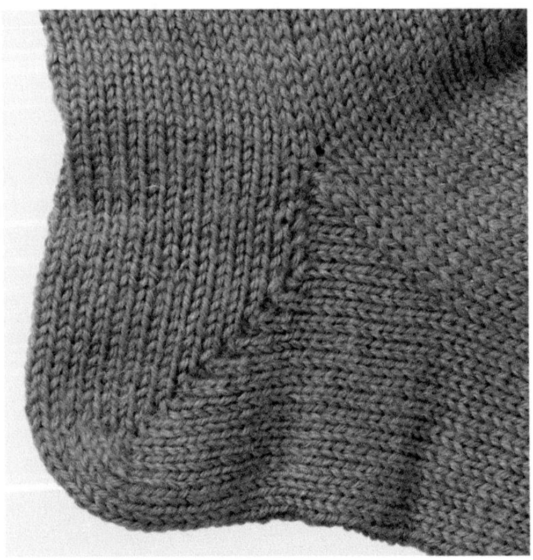

Ferse mit schräger Naht

Bei Schrägnahtfersen mit Zwischenreihen werden die neuen Maschen aus den Seitenteilen der Fersenwand bereits in der 1. Zwischenrunde aufgenommen und die Spickelabnahme wird nach Fertigstellung der gesamten Ferse weitergearbeitet.
Bei Schrägnahtfersen ohne Zwischenreihen schließen sich Maschenaufnahme und Spickelabnahme wie gewohnt nach Fertigstellung der gesamten Ferse an.

Maschenaufnahme und Spickelabnahme

- Um für den Fuß wieder in Runden stricken zu können, aus dem doppelten Perlrand der kurzen Fersenwand neue Maschen auffassen (S. 32 doppelter Perlrand).
- Eine weitere Runde stricken. Über die Nadeln 2 und 3 weiter im Muster arbeiten, die Maschen der Nadeln 4 und 1 für die Sohle weiter glatt rechts stricken.

Die überzähligen Maschen auf den Nadeln 4 und 1 werden nach einer weiteren Runde durch die Spickelabnahmen wieder reduziert.

Anzahl der aufzunehmenden Spickelmaschen für 4-fädiges Sockengarn

LL = 210 m/50 g, 30 Maschen x 42 Reihen = 10 cm x 10 cm

Größe	20/21	22/23	24/25	26/27	28/29	30/31	32/33
Maschenzahl gesamt/Nadel	44/11	44/11	48/12	48/12	52/13	52/13	56/14
Einteilung	7/8/7	7/8/7	8/8/8	8/8/8	8/10/8	8/10/8	9/10/9
Spickelmaschen	4	4	4	4	4	4	5
Fersenwand/Reihen	8	8	8	8	8	8	10

Größe	34/35	36/37	38/39	40/41	42/43	44/45	46/47
Maschenzahl gesamt/Nadel	56/14	60/15	60/15	64/16	64/16	68/17	72/18
Einteilung	9/10/9	10/10/10	10/10/10	10/12/10	10/12/10	11/12/11	12/12/12
Spickelmaschen	5	5	5	5	5	6	6
Fersenwand/Reihen	10	10	10	10	10	12	12

Anzahl der aufzunehmenden Spickelmaschen für 6-fädiges Sockengarn

LL = 125 m/50 g, 22 Maschen x 30 Reihen = 10 cm x 10 cm

Größe	20/21	22/23	24/25	26/27	28/29	30/31	32/33
Maschenzahl gesamt/Nadel	32/8	32/8	36/9	36/9	40/10	40/10	44/11
Einteilung	5/6/5	5/6/5	6/6/6	6/6/6	6/8/6	6/8/6	7/8/7
Spickelmaschen	3	3	3	3	3	3	4
Fersenwand/Reihen	6	6	6	6	6	6	8

Größe	34/35	36/37	38/39	40/41	42/43	44/45	46/47
Maschenzahl gesamt/Nadel	44/11	48/12	48/12	52/13	52/13	52/13	56/14
Einteilung	7/8/7	8/8/8	8/8/8	8/10/8	8/10/8	8/10/8	9/10/9
Spickelmaschen	4	4	4	4	4	4	5
Fersenwand/Reihen	8	8	8	8	8	8	10

Abnahmerunde

- Nadel 1 rechts abstricken, dabei die 2.- und 3.-letzte Masche rechts zusammen (Rechtsneigung), Nadel 2 und 3 im Muster, Nadel 4 rechts stricken, dabei die 2. und 3. Masche abheben und rechts zusammenstricken (mit Linksneigung).

Diese Abnahmerunde in jeder 2. Runde so lange wiederholen, bis die ursprüngliche Maschenzahl wieder erreicht ist. Anschließend in Runden den Fuß stricken.

Falsche Bumerangferse

Diese Ferse entsteht durch Ab- und Aufnehmen von Maschen, sie ist eine gute Alternative für alle, die Probleme mit verkürzten Reihen haben.

Oberer Teil

Die Einteilung der Maschen in zwei gleich große Seitenteile und einen Mittelteil geschieht wie bei der Bumerangferse. Die Angaben für die jeweilige Größe entnehmen Sie der Tabelle rechts.
Ausgangspunkt der Ferse ist eine Hinreihe zwischen den Nadeln 1 und 4. Die Maschen der Nadeln 2 und 3 stilllegen. Die Ferse wird nun über die Maschen der Nadeln 4 und 1 glatt rechts in Reihen gearbeitet. Dabei auf einen sauberen Perlrand achten (die erste und letzte Masche jeder Reihe rechts abstricken).

- **1. Reihe (½ Hinreihe):** Alle Maschen rechts stricken, dabei die beiden letzten Maschen rechts zusammenstricken.
- **2. Reihe (Rückreihe):** Die 1. Masche rechts, die übrigen Maschen links stricken, dabei die beiden letzten Maschen rechts zusammenstricken, sodass durch die Abnahme schon eine Perle entsteht.
- **3. Reihe (Hinreihe):** Alle Maschen rechts stricken, dabei die beiden letzten Maschen rechts zusammenstricken.

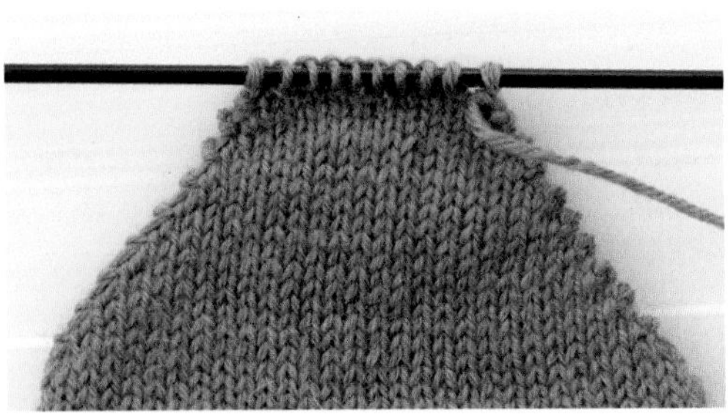

Oberer Teil der falschen Bumerangferse

Die Reihen 2 und 3 so lange wiederholen, bis sich nur noch die Maschen des Mittelteils zwischen den beiden Perlmaschen auf der Nadel befinden. Mit einer Rückreihe über alle Maschen enden.

Wendereihen

Noch 2 weitere Reihen ohne Abnahmen über die Maschen stricken:

- **Hinreihe:** 1 Masche abheben, alle übrigen Maschen rechts abstricken.
- **Rückreihe:** 1 Masche abheben, alle übrigen (auch die letzte Masche) links abstricken.

Unterer Teil

- **1. Reihe (Hinreihe):** 1 Masche abheben, alle Maschen rechts abstricken, nach Reihenende noch 1 rechte Masche aus der nächsten Perle herausstricken, wenden.
- **2. Reihe (Rückreihe):** 1 Masche abheben, alle Maschen links abstricken, nach Reihenende noch 1 linke Masche

aus der nächsten Perle herausstricken, wenden.

Die Reihen 1 und 2 wiederholen, bis aus allen Perlen neue Maschen aufgenommen wurden. Mit einer halben Hinreihe in der Fersenmitte zwischen den Maschen der Nadeln 4 und 1 enden. Mit einer zweiten Spielnadel in Runden weiterarbeiten. Anschließend den Fuß stricken.

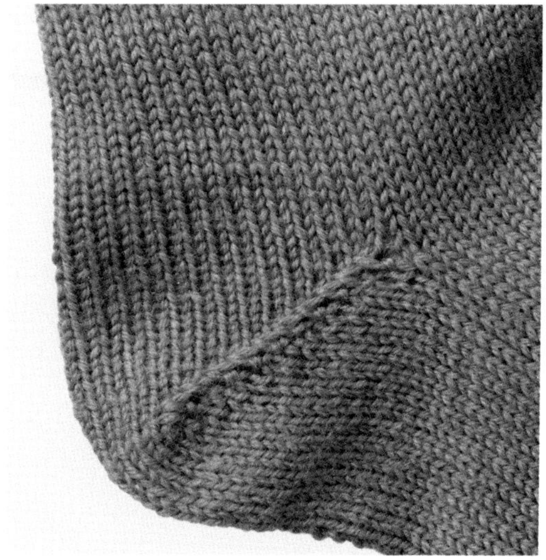

Mascheneinteilung für Schrägnahtfersen für 4-fädiges Sockengarn

LL = 210 m/50 g, 30 Maschen x 42 Reihen = 10 cm x 10 cm

Größe	20/21	22/23	24/25	26/27	28/29	30/31	32/33
Maschenzahl gesamt/Nadel	44/11	44/11	48/12	48/12	52/13	52/13	56/14
Fersenmaschen	7/8/7	7/8/7	8/8/8	8/8/8	8/10/8	8/10/8	9/10/9

Größe	34/35	36/37	38/39	40/41	42/43	44/45	46/47
Maschenzahl gesamt/Nadel	56/14	60/15	60/15	64/16	64/16	68/17	72/18
Fersenmaschen	9/10/9	10/10/10	10/10/10	10/12/10	10/10/12	11/12/11	12/12/12

Mascheneinteilung für Schrägnahtfersen für 6-fädiges Sockengarn

LL = 125 m/50 g, 22 Maschen x 30 Reihen = 10 cm x 10 cm

Größe	20/21	22/23	24/25	26/27	28/29	30/31	32/33
Maschenzahl gesamt/Nadel	32/8	32/8	36/9	36/9	40/10	40/10	44/11
Fersenmaschen	5/6/5	5/6/5	6/6/6	6/6/6	6/8/6	6/8/6	7/8/7

Größe	34/35	36/37	38/39	40/41	42/43	44/45	46/47
Maschenzahl gesamt/Nadel	44/11	48/12	48/12	52/13	52/13	52/13	56/14
Fersenmaschen	7/8/7	8/8/8	8/8/8	8/10/8	8/10/8	8/10/8	9/10/9

Spitzen

Bandspitze

Abnahmerunde für die Bandspitze

- Alle Maschen rechts, dabei die 2.- und 3.-letzte Masche der Nadeln 1 und 3 rechts zusammenstricken (Rechtsneigung), und die 2. und 3. Masche der Nadeln 2 und 4 abheben und rechts zusammenstricken (Linksneigung).

Wie oft diese Abnahmerunde für die jeweilige Größe für eine runde Form noch wiederholt wird und wie viele Zwischenrunden eingestrickt werden, zeigt die Tabelle auf S. 63.

Spitzenschluss durch Zusammenziehen

Nach dem Abnahmeschema aus der Tabelle befinden sich nach der letzten Abnahme noch jeweils zwei Maschen auf den vier Nadeln.

- Den Faden trennen und auf eine Sticknadel mit stumpfer Spitze ziehen.
- Diese zweimal durch die acht Bandmaschen führen und fest zusammenziehen.

Zum Schluss den Arbeitsfaden vernähen.

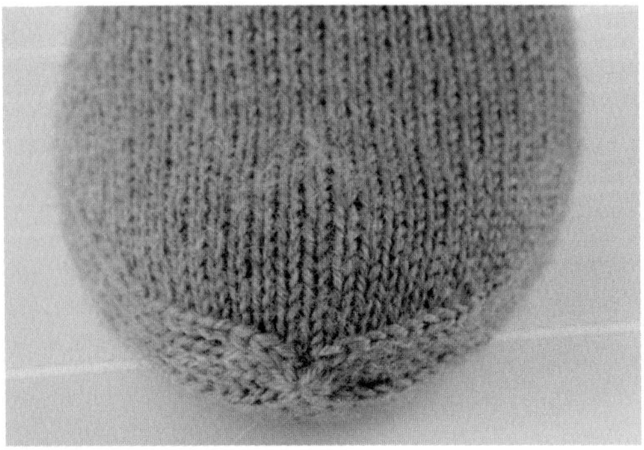

Bandspitze von vorne

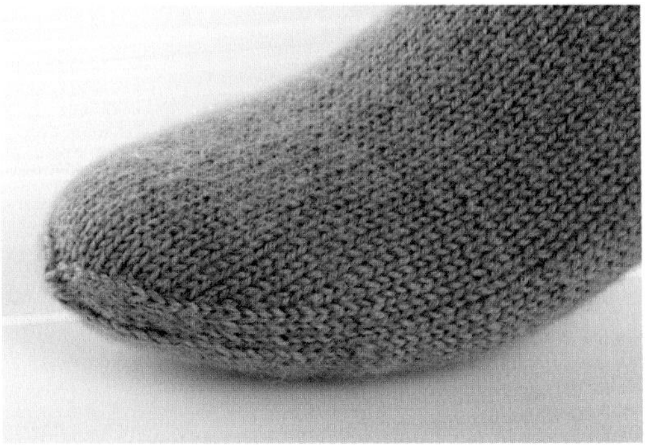

Bandspitze von der Seite

Abnahmeschema der Bandspitze für 4-fädiges Sockengarn

LL = 210 m/50 g, 30 Maschen x 42 Reihen = 10 cm x 10 cm

Größe	20/21	22/23	24/25	26/27	28/29	30/31	32/33
Maschenzahl gesamt/Nadel	44/11	44/11	48/12	48/12	52/13	52/13	56/14
Fußlänge bis Spitze in cm	10,5	12,0	13,0	14,0	15,0	16,5	17,0
in jeder 4. Rd	-	-	-	-	-	-	-
in jeder 3. Rd	1x	1x	1x	1x	2x	2x	2x
in jeder 2. Rd	3x	3x	3x	3x	3x	3x	3x
in jeder Rd	4x	4x	5x	5x	5x	5x	6x
Maschen/Nadel (stumpf)	-	-	4	4	4	4	5

Größe	34/35	36/37	38/39	40/41	42/43	44/45	46/47
Maschenzahl gesamt/Nadel	56/14	60/15	60/15	64/16	64/16	68/17	72/18
Fußlänge bis Spitze in cm	18,5	19,5	20,5	21,5	23,0	23,5	24,5
in jeder 4. Rd	-	1x	1x	1x	1x	1x	1x
in jeder 3. Rd	2x	2x	2x	2x	2x	2x	2x
in jeder 2. Rd	3x	3x	3x	3x	3x	4x	4x
in jeder Rd	6x	6x	6x	7x	7x	7x	8x
Maschen/Nadel (stumpf)	5	5	5	6	6	6	7

Abnahmeschema der Bandspitze für 6-fädiges Sockengarn

LL = 150 m/50 g, 22 Maschen x 30 Reihen = 10 cm x 10 cm

Größe	20/21	22/23	24/25	26/27	28/29	30/31	32/33
Maschenzahl gesamt/Nadel	32/8	32/8	36/9	36/9	40/10	40/10	44/11
Fußlänge bis Spitze in cm	10,5	12,0	13,0	14,0	15,0	16,5	17,0
in jeder 4. Rd	-	-	-	-	-	-	-
in jeder 3. Rd	1x	1x	1x	1x	1x	1x	1x
in jeder 2. Rd	2x	2x	2x	2x	3x	3x	3x
in jeder Rd	2x	2x	3x	3x	3x	3x	4x
Maschen/Nadel (stumpf)	-	-	3	3	3	3	4

Größe	34/35	36/37	38/39	40/41	42/43	44/45	46/47
Maschenzahl gesamt/Nadel	44/11	48/12	48/12	52/13	52/13	52/13	56/14
Fußlänge bis Spitze in cm	18,5	19,5	20,5	21,5	23,0	24,0	24,5
in jeder 4. Rd	-	-	-	-	-	-	1x
in jeder 3. Rd	1x	1x	1x	2x	2x	2x	1x
in jeder 2. Rd	3x	4x	4x	4x	4x	3x	3x
in jeder Rd	4x	4x	4x	4x	4x	5x	6x
Maschen/Nadel (stumpf)	4	4	4	5	5	5	6

Stumpfer Spitzenschluss durch Maschenstich

Für die stumpfe Bandspitze die Abnahmen nur bis zur angegebenen Maschenzahl arbeiten (vgl. Tabelle S. 63). Anschließend eine Übergangsrunde stricken, die die unschönen Öhrchen verhindert. Dann die Maschen im Maschenstich vernähen.

- **Übergangsrunde:** Alle Maschen rechts stricken, dabei die letzten beiden Maschen der Nadeln 1 und 3 rechts zusammenstricken (Rechtsneigung), die ersten beiden Maschen der Nadeln 2 und 4 abheben und rechts zusammenstricken (Linksneigung).
- Noch einmal die Nadel 1 abstricken, um zum seitlichen Rand zu gelangen.

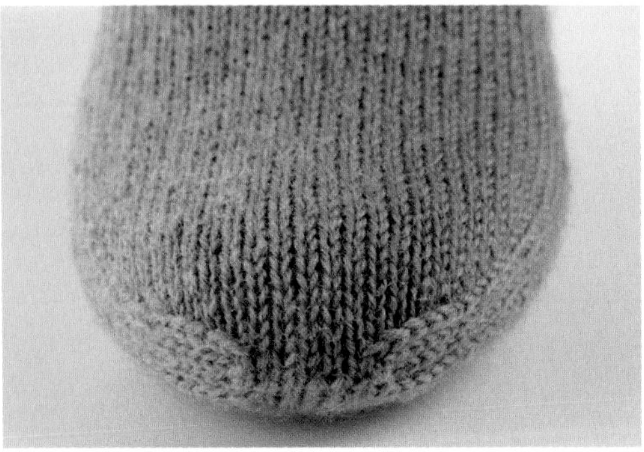

Stumpfe Spitze von vorne

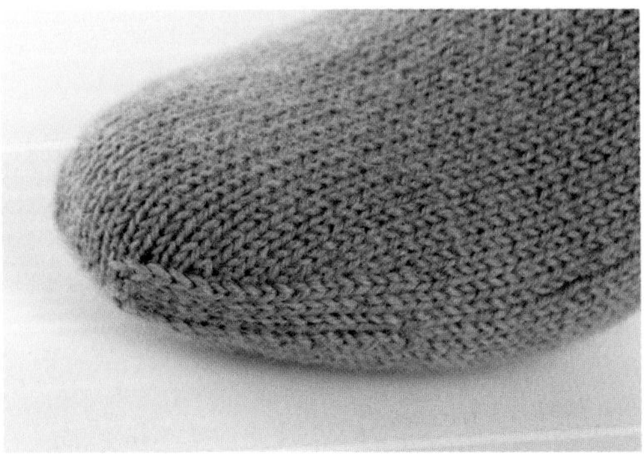

Stumpfe Spitze von der Seite

Die beiden zu vernähenden Maschenreihen liegen sich auf den Nadeln gegenüber und können so im Maschenstich geschlossen werden (vgl. S. 8 Maschenstich).

Anatomische Bandspitze

RECHTE SOCKE

- Über die Nadeln 1 und 2 die Abnahmerunden nach dem gewohnten Schema aus der Tabelle arbeiten, über die Nadeln 3 und 4 zunächst glatt rechts weiterstricken ohne Abnahmen.
- In der Abnahmerunde vor der letzten Zwischenrunde mit den Abnahmen auf den Nadeln 3 und 4 beginnen und nach gleichem Schema arbeiten wie die der Nadeln 1 und 2.

Sind alle Abnahmerunden gearbeitet, werden die übrigen Maschen entweder im Maschenstich oder durch Zusammenziehen (vgl. S. 65) geschlossen.

LINKE SOCKE

Die linke Socke gegengleich arbeiten. Nun die regulären Abnahmerunden über die Nadeln 3 und 4 arbeiten, mit den Abnahmen über die Nadeln 1 und 2 erst später beginnen.

Spitzenschluss durch Maschenstich

- **Übergangsrunde:** Alle Maschen rechts stricken, dabei die letzten beiden Maschen der Nadeln 1 und 3 rechts zusammenstricken (Rechtsneigung), die ersten beiden Maschen der Nadeln 2 und 4 abheben und rechts zusammenstricken (Linksneigung).
- Noch einmal die Nadel 1 abstricken, um zum seitlichen Rand zu gelangen. Die beiden zu vernähenden Maschenreihen liegen sich auf den Nadeln gegenüber. Den Arbeitsfaden in etwa 60 cm Länge abtrennen, auf eine Stopfnadel ziehen und die Maschenreihen im Maschenstich schließen.
- **Vorbereitung der ersten beiden Maschen:** Die erste vordere Masche wie zum Linksstricken abnähen, Masche auf der Nadel lassen. Die erste hintere Masche wie zum Rechtsstricken abnähen, Masche auf der Nadel lassen.

MASCHENSTICH

- **Schritt 1:** Vorne wie zum Rechtsstricken einstechen und abnähen, Masche abheben (rechts ab)
- **Schritt 2:** Vorne wie zum Linksstricken einstechen und abnähen, Masche auf der Nadel lassen (links)
- **Schritt 3:** Hinten wie zum Linksstricken einstechen und abnähen, Masche abheben (links ab)
- **Schritt 4:** Hinten wie zum Rechtsstricken einstechen und abnähen, Masche auf der Nadel lassen (rechts)

Die Schritte 1 bis 4 so lange wiederholen, bis alle Maschen vernäht sind.

Dabei werden die letzten beiden Maschen jeweils ohne Folgemasche abgenäht und abgehoben. Den Faden nach jedem Schritt ein wenig anziehen. Den Arbeitsfaden dabei immer unter den Stricknadeln halten. Dann die Spitze im Maschenstich schließen wie auf S. 8 beschrieben.

Spitzenschluss durch Zusammenziehen

Die Abnahmen für die Spitze nach der jeweiligen Anleitung fortsetzen, bis sich auf jeder Nadel nur noch zwei Maschen befinden. Den Faden trennen und ihn mit einer stumpfen Stopfnadel in Strickrichtung durch die Maschen ziehen. Dazu jede Masche einzeln mit der Stopfnadel abheben, die Masche dabei groß herausziehen. Erst dann den Faden durchziehen. Vorsichtig anziehen und den Faden auf der Innenseite vernähen. Werden alle Maschen auf diese Weise abgenäht, ergibt sich ein sehr enges, lochfreies Maschenbild.

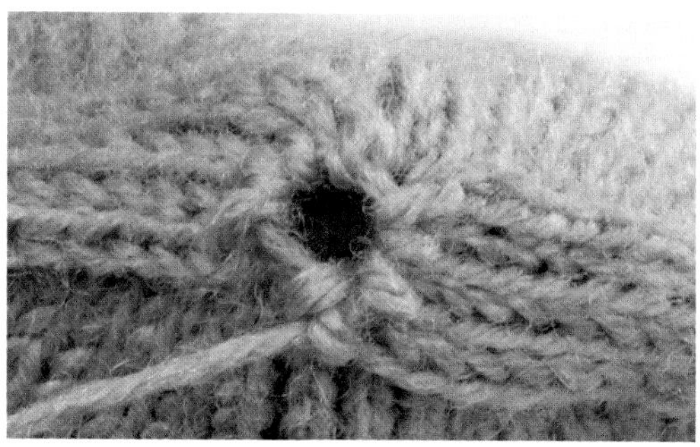

Zusammenziehen der letzten 8 Maschen

Sterchenspitze

Für die Sternchenspitze wird eine gerade Maschenzahl pro Nadel benötigt. Überzählige Maschen werden bereits einige Runden vor Spitzenbeginn reduziert.
Auf jeder Nadel werden zwei Maschen pro Abnahmerunde abgenommen. Die Maschen einer Nadel gedanklich in zwei Teile teilen (gerade Maschenzahl).

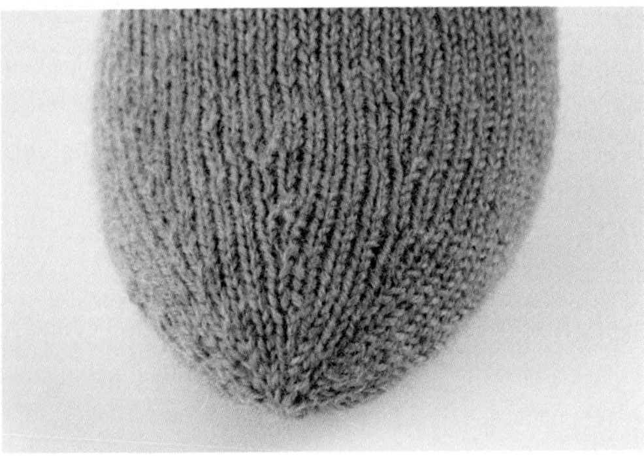

Sternchenspitze von oben

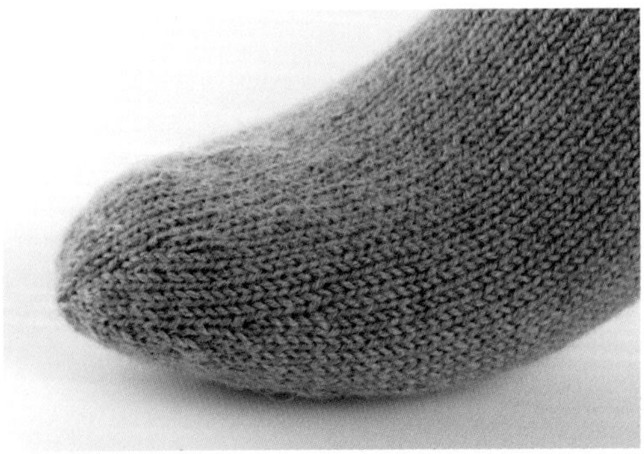

Sternchenspitze von der Seite

Abnahmerunde für die Sternchenspitze

- Die ersten beiden Maschen der ersten Hälfte und die ersten beiden Maschen der zweiten Maschenhälfte jeder Nadel rechts zusammenstricken.

Die Anzahl an Runden, die als Zwischenrunden glatt rechts ohne Abnahmen über die Abnahmerunde gestrickt werden, entspricht nun der Anzahl der rechts gestrickten Maschen zwischen den beiden Abnahmen.
Nach diesem Abnahmeschema die Abnahmen so lange wiederholen, bis noch 8 Maschen übrig bleiben; diese werden mit dem abgetrennten Arbeitsfaden zusammengezogen.

BEISPIEL
60 Maschen/15 Maschen pro Nadel
1. und 2. Masche jeder Nadel zusammenstricken, 6 Runden rechts - nun beginnt die Spitze
2 Maschen zusammen, 5 Maschen rechts, 5 Runden glatt rechts
2 Maschen zusammen, 4 Maschen rechts, 4 Runden glatt rechts
2 Maschen zusammen, 3 Maschen rechts, 3 Runden glatt rechts
2 Maschen zusammen, 2 Maschen rechts, 2 Runden glatt rechts
2 Maschen zusammen, 1 Masche rechts, 1 Runde glatt rechts
2 Maschen zusammenstricken

FAUSTREGEL... So viele Runden zwischen den Abnahmen wie Maschen zwischen den Abnahmen.

Abnahmeschema der Sternchenspitze für 4-fädiges Sockengarn

LL = 210 m/50 g, 30 Maschen x 42 Reihen = 10 cm x 10 cm

Größe	20/21	22/23	24/25	26/27	28/29	30/31	32/33
Fußlänge bis Spitze in cm	11,5	13,0	13,0	14,0	15,5	17,0	17,0
Maschenzahl gesamt/Nadel	44/11	44/11	48/12	48/12	52/13	52/13	56/14
Abnahmen nötig	ja	ja	nein	nein	ja	ja	nein
Maschenzahl für Spitze	40/10	40/10	48/12	48/12	48/12	48/12	56/14
Maschenzahl zwischen den Abnahmen der 1. Abnahme-runde	3	3	4	4	4	4	5

Größe	34/35	36/37	38/39	40/41	42/43	44/45	46/47
Fußlänge bis Spitze in cm	18,5	20,0	21,0	20,5	22,0	23,0	22,5
Maschenzahl gesamt/Nadel	56/14	60/15	60/15	64/16	64/16	68/17	72/18
Abnahmen nötig	nein	ja	ja	nein	nein	ja	nein
Maschenzahl für Spitze	56/14	56/14	56/14	64/16	64/16	64/16	72/18
Maschenzahl zwischen den Abnahmen der 1. Abnahme-runde	5	5	5	6	6	6	7

Abnahmeschema der Sternchenspitze für 6-fädiges Sockengarn

LL = 150 m/50 g, 22 Maschen x 30 Reihen = 10 cm x 10 cm

Größe	20/21	22/23	24/25	26/27	28/29	30/31	32/33
Fußlänge bis Spitze in cm	10,5	12,0	13,0	14,0	15,0	16,5	17,0
Maschenzahl gesamt/Nadel	32/8	32/8	36/9	36/9	40/10	40/10	44/11
Abnahmen nötig	nein	nein	ja	ja	nein	nein	ja
Maschenzahl für Spitze	32/8	32/8	32/8	32/8	40/10	40/10	40/10
Maschenzahl zwischen den Abnahmen der 1. Abnahme-runde	2	2	2	2	3	3	3

Größe	34/35	36/37	38/39	40/41	42/43	44/45	46/47
Fußlänge bis Spitze in cm	18,5	19,5	20,5	21,5	23,0	24,0	24,5
Maschenzahl gesamt/Nadel	44/11	48/12	48/12	52/13	52/13	52/13	56/14
Abnahmen nötig	ja	nein	nein	ja	ja	ja	nein
Maschenzahl für Spitze	40/10	48/12	48/12	48/12	48/12	48/12	56/14
Maschenzahl zwischen den Abnahmen der 1. Abnahme-runde	3	4	4	4	4	4	5

Schneckenspitze

Die Schneckenspitze ist sehr einfach und ohne viel Zählerei zu stricken. Wenn die Abnahmen betont werden, sieht sie besonders hübsch aus. Die Abnahmen erfolgen in Runden.

TIPP... **Die Schneckenspitze ist besonders strapazierfähig. Sie eignet sich vor allem für eher spitze Füße, es gibt keine spürbare Naht.**

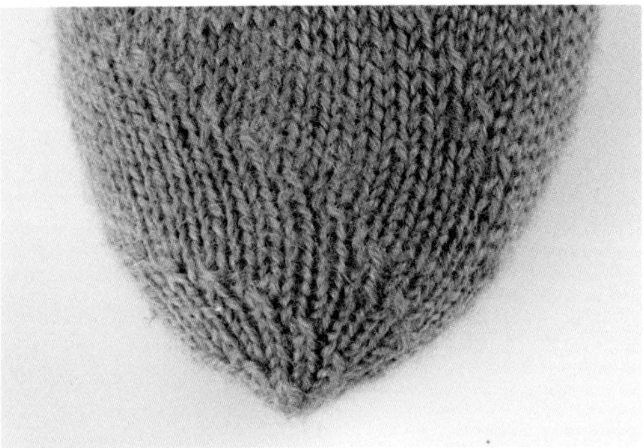

Schneckenspitze von oben

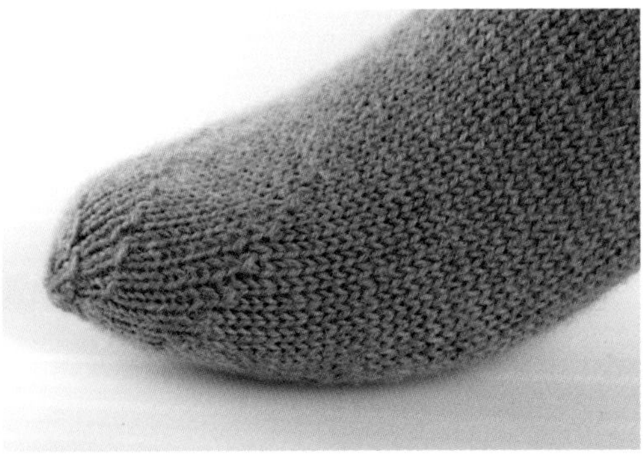

Schneckenspitze von der Seite

Abnahmen für die Schneckenspitze

- Die 1. Masche jeder Nadel abheben, die 2. Masche rechts stricken und die abgehobene Masche über die gestrickte Masche ziehen. 1 Runde glatt rechts.
- Die 2. Masche jeder Nadel abheben, die 3. Masche rechts stricken und die abgehobene Masche über die gestrickte Masche ziehen. 1 Runde glatt rechts.
- Die 3. Masche jeder Nadel abheben, die 4. Masche rechts stricken und die abgehobene Masche über die gestrickte Masche ziehen. 1 Runde glatt rechts.

Nach diesem Schema fortfahren, bis sich nur noch 8 Maschen auf den Nadeln befinden. Diese mit dem getrennten Arbeitsfaden zusammenziehen.

Schneckenspitze für 4-fädiges Sockengarn

LL = 210 m/50 g, 30 Maschen x 42 Reihen = 10 cm x 10 cm

Größe	**20/21**	**22/23**	**24/25**	**26/27**	**28/29**	**30/31**	**32/33**
Maschenzahl gesamt/Nadel	44/11	44/11	48/12	48/12	52/13	52/13	56/14
Fußlänge bis Spitze in cm	9,5	11,0	12,0	13,0	14,0	15,5	16,0

Größe	**34/35**	**36/37**	**38/39**	**40/41**	**42/43**	**44/45**	**46/47**
Maschenzahl gesamt/Nadel	56/14	60/15	60/15	64/16	64/16	68/17	72/18
Fußlänge bis Spitze in cm	17,5	18,5	19,5	20,5	22,0	22,5	23,5

Schneckenspitze für 6-fädiges Sockengarn

LL = 150 m/50 g, 22 Maschen x 30 Reihen = 10 cm x 10 cm

Größe	**20/21**	**22/23**	**24/25**	**26/27**	**28/29**	**30/31**	**32/33**
Maschenzahl gesamt/Nadel	32/8	32/8	36/9	36/9	40/10	40/10	44/11
Fußlänge bis Spitze in cm	10,0	11,5	12,5	13,5	14,5	16,0	16,0

Größe	**34/35**	**36/37**	**38/39**	**40/41**	**42/43**	**44/45**	**46/47**
Maschenzahl gesamt/Nadel	44/11	48/12	48/12	52/13	52/13	52/13	56/14
Fußlänge bis Spitze in cm	17,5	18,5	19,5	20,5	22,0	23,0	22,5

Blumenspitze

Die Blumenspitze ist eine sehr dekorative Spitze, die für jede Fußform geeignet ist.

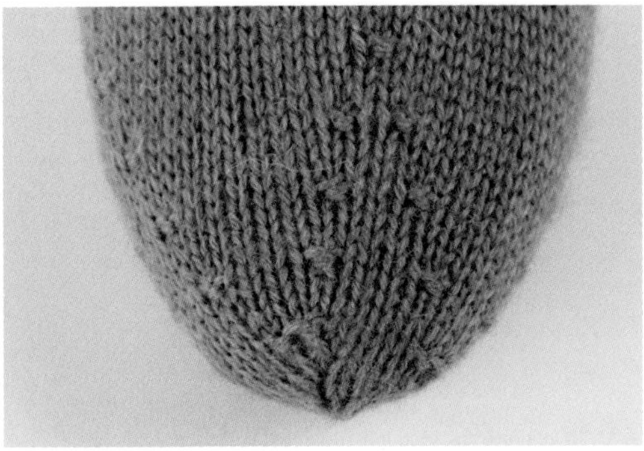

Blumenspitze von oben

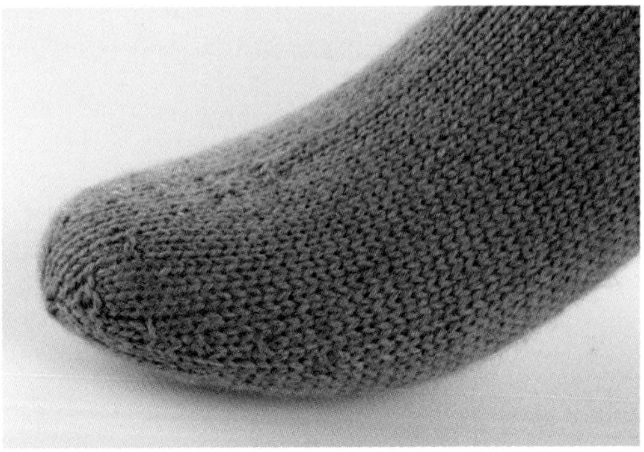

Blumenspitze von der Seite

Abnahmen für die Blumenspitze

Auf jeder der 4 Spielnadeln werden folgende Abnahmen gearbeitet:

- **1. Runde:** Alle Maschen rechts, nur die ersten beiden Maschen links zusammenstricken.
- 3 Runden rechts.
- Ab der nächsten Abnahmerunde auch zusätzlich noch die letzten beiden Maschen links zusammenstricken.
- **5. Runde:** Alle Maschen rechts, nur die 2. und 3. und die letzten beiden Maschen links zusammenstricken.
- 3 Runden rechts.
- **9. Runde:** Alle Maschen rechts, nur die 3. und 4. und die letzten beiden Maschen links zusammenstricken.
- 3 Runden rechts.
- **13. Runde:** Alle Maschen rechts, nur die 4. und 5. und die letzten beiden Maschen links zusammenstricken.
- 2 Runden rechts.

Nach diesem Schema fortfahren, bis auf jeder Nadel die beiden linken Abnahmen am Ende der Nadel zusammentreffen oder nebeneinander liegen. Alle Maschen rechts, dabei die letzte ungestrickt abheben. Die erste Masche der nächsten Nadel rechts stricken und die abgehobene Masche überziehen. Diese Abnahmen in jeder Runde wiederholen, bis insgesamt nur noch 8 Maschen übrig sind, die dann mit dem Arbeitsfaden zusammengezogen werden.

Blumenspitze für 4-fädiges Sockengarn

LL = 210 m/50 g, 30 Maschen x 42 Reihen = 10 cm x 10 cm

Größe	20/21	22/23	24/25	26/27	28/29	30/31	32/33
Maschenzahl gesamt/Nadel	44/11	44/11	48/12	48/12	52/13	52/13	56/14
Fußlänge bis Spitze in cm	10,0	11,5	13,0	14,0	15,0	16,5	17,5

Größe	34/35	36/37	38/39	40/41	42/43	44/45	46/47
Maschenzahl gesamt/Nadel	56/14	60/15	60/15	64/16	64/16	68/17	72/18
Fußlänge bis Spitze in cm	19,0	19,5	20,5	22,0	23,5	24,0	25,5

Blumenspitze für 6-fädiges Sockengarn

LL = 150 m/50 g, 22 Maschen x 30 Reihen = 10 cm x 10 cm

Größe	20/21	22/23	24/25	26/27	28/29	30/31	32/33
Maschenzahl gesamt/Nadel	32/8	32/8	36/9	36/9	40/10	40/10	44/11
Fußlänge bis Spitze in cm	11,0	12,5	13,0	14,0	15,5	17,0	17,0

Größe	34/35	36/37	38/39	40/41	42/43	44/45	46/47
Maschenzahl gesamt/Nadel	44/11	48/12	48/12	52/13	52/13	52/13	56/14
Fußlänge bis Spitze in cm	18,5	20,0	21,0	21,5	23,0	24,0	25,5

Schrägnahtferse als Spitze

Diese Spitze wird wie eine Ferse mit Schrägnaht gestrickt. Besonders geeignet sind die Bumerangferse mit zweifachen Doppelmaschen (vgl. S. 52) und die falsche Bumerangferse (vgl. S. 60), nicht geeignet ist die Bumerangferse in runder Form (vgl. S. 54).

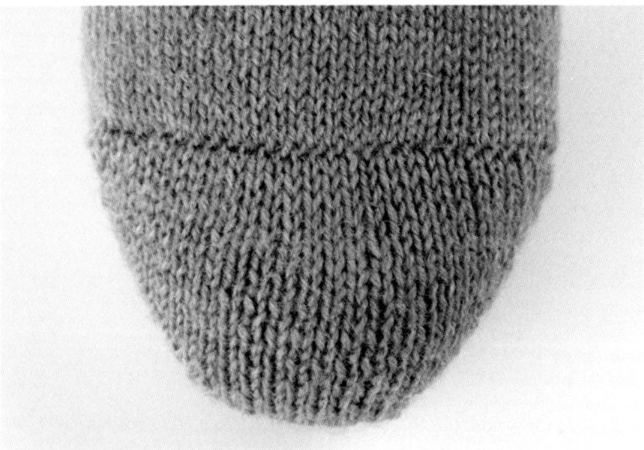

Bumerangferse mit zweifachen Doppelmaschen von oben

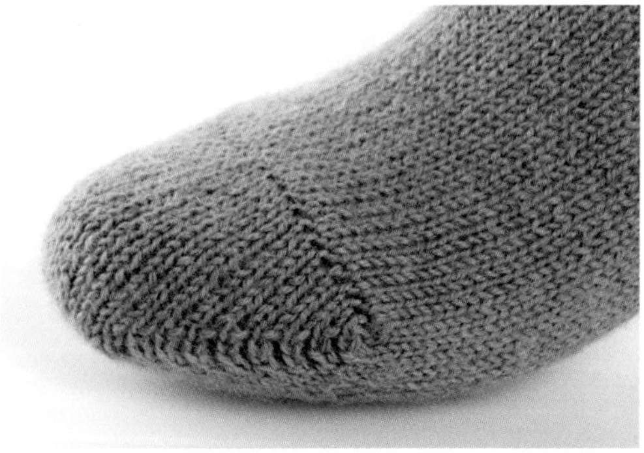

Bumerangferse mit zweifachen Doppelmaschen von der Seite

Die Maschen der Nadeln 4 und 1 stilllegen und die Schrägnahtferse über die Maschen der Nadeln 2 und 3 um die Fußspitze herumarbeiten. Nach Fertigstellung der Spitze/Ferse stoßen die Maschen der Nadel 2 und 3 mit den stillgelegten Maschen der Nadel 4 und 1 aneinander und können zusammengestrickt oder im Maschenstich vernäht werden.

TIPP... **Die Naht sollte unter dem Fuß liegen, damit sie nicht an den Zehen drückt.**

Spitzenschluss durch Maschenstich

- Die Maschen der beiden Fersennadeln (der Nadeln 4 und 1) auf eine Nadel heben, die Maschen der Sohle (der Nadeln 2 und 3) auf eine zweite Nadel heben.
- So liegen sich die zu verbindenden Maschenreihen parallel gegenüber und können im Maschenstich geschlossen werden (vgl. S. 8 Maschenstich).

Schrägnahtferse als Spitze für 4-fädiges Sockengarn

LL = 210 m/50 g, 30 Maschen x 42 Reihen = 10 cm x 10 cm

Größe	20/21	22/23	24/25	26/27	28/29	30/31	32/33
Maschenzahl gesamt/Nadel	44/11	44/11	48/12	48/12	52/13	52/13	56/14
Einteilung	7/8/7	7/8/7	8/8/8	8/8/8	9/8/9	9/8/9	10/8/10
Fußlänge bis Spitze in cm	10,5	12,0	13,0	14,0	15,0	16,5	17,0

Größe	34/35	36/37	38/39	40/41	42/43	44/45	46/47
Maschenzahl gesamt/Nadel	56/14	60/15	60/15	64/16	64/16	68/17	72/18
Einteilung	10/8/10	11/8/11	11/8/11	11/10/11	11/10/11	12/10/12	13/10/13
Fußlänge bis Spitze in cm	18,5	19,5	20,5	22,0	23,5	24,0	25,0

Schrägnahtferse als Spitze für 6-fädiges Sockengarn

LL = 150 m/50 g, 22 Maschen x 30 Reihen = 10 cm x 10 cm

Größe	20/21	22/23	24/25	26/27	28/29	30/31	32/33
Maschenzahl gesamt/Nadel	32/8	32/8	36/9	36/9	40/10	40/10	44/11
Einteilung	5/6/5	5/6/5	6/6/6	6/6/6	6/8/6	6/8/6	7/8/7
Fußlänge bis Spitze in cm	10,5	12,0	13,0	14,0	15,5	17,0	17,5

Größe	34/35	36/37	38/39	40/41	42/43	44/45	46/47
Maschenzahl gesamt/Nadel	44/11	48/12	48/12	52/13	52/13	52/13	56/14
Einteilung	7/8/7	8/8/8	8/8/8	9/9/9	9/9/9	9/9/9	9/10/9
Fußlänge bis Spitze in cm	19,0	20,5	21,5	21,5	23,0	24,0	25,5

Spitzenschluss durch Zusammenstricken

- Die Socke vorsichtig auf links drehen und alle Maschen auf einer Nadel zusammenfassen: Von der Seite aus, die der Masche mit dem Arbeitsfaden gegenüberliegt, die zu verbindenden Maschen abwechselnd auf eine einzige Nadel heben.
- Nun immer zwei Maschen zusammen abketten.

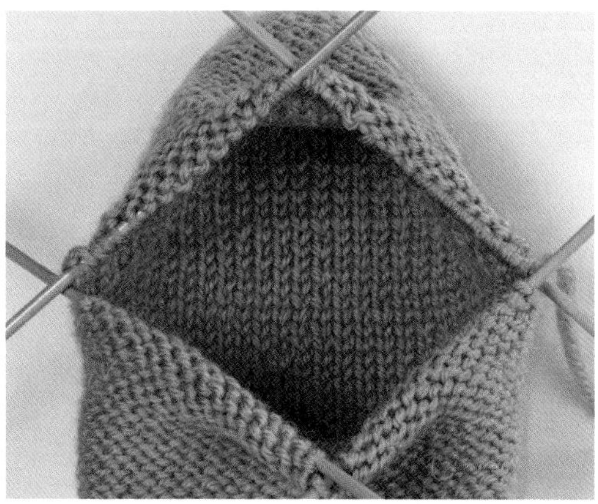

Propellerspitze

Diese Spitze eignet sich vor allem für spitz zulaufende Füße und kommt ohne mühsame Zählerei aus.

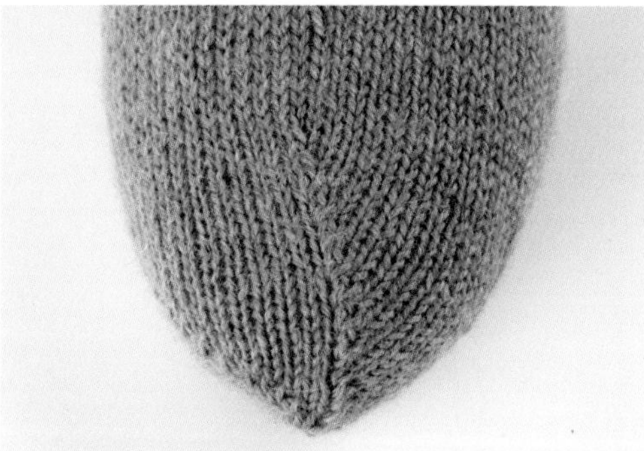

Propellerspitze von oben

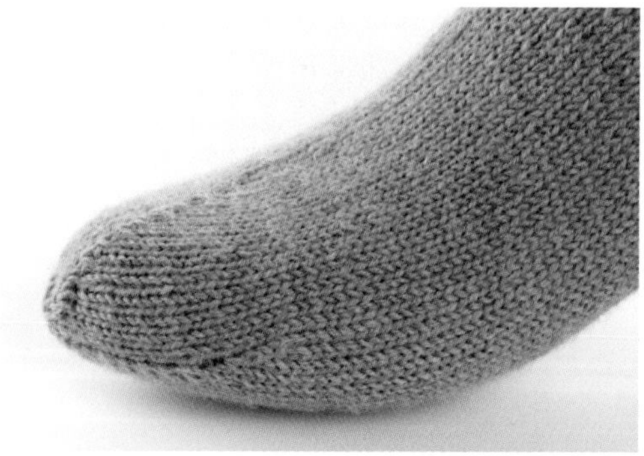

Propellerspitze von der Seite

Abnahmerunde für die Propellerspitze

- Die beiden ersten Maschen jeder Nadel zusammenstricken. Diese Abnahmen in jeder zweiten Runde wiederholen. Wenn sich nur noch etwa 1/3 der ursprünglichen Maschen auf der Nadel befinden, die Abnahmen ohne Zwischenrunden arbeiten.
- Die letzten 8 Maschen mit dem Arbeitsfaden zusammenziehen.

BEISPIEL

60 Maschen/15 Maschen pro Nadel
10 Abnahmerunden mit Zwischenrunden, 3 Abnahmerunden ohne Zwischenrunden arbeiten, 2 Maschen pro Nadel werden anschließend zusammengezogen.

Propellerspitze für 4-fädiges Sockengarn

LL = 210 m/50 g, 30 Maschen x 42 Reihen = 10 cm x 10 cm

Größe	20/21	22/23	24/25	26/27	28/29	30/31	32/33
Maschenzahl gesamt/Nadel	44/11	44/11	48/12	48/12	52/13	52/13	56/14
Fußlänge bis Spitze in cm	9,5	11,0	12,0	13,0	14,0	15,5	16,5

Größe	34/35	36/37	38/39	40/41	42/43	44/45	46/47
Maschenzahl gesamt/Nadel	56/14	60/15	60/15	64/16	64/16	68/17	72/18
Fußlänge bis Spitze in cm	18,0	19,0	20,5	21,0	22,5	23,0	24,0

Propellerspitze für 6-fädiges Sockengarn

LL = 150 m/50 g, 22 Maschen x 30 Reihen = 10 cm x 10 cm

Größe	20/21	22/23	24/25	26/27	28/29	30/31	32/33
Maschenzahl gesamt/Nadel	32/8	32/8	36/9	36/9	40/10	40/10	44/11
Fußlänge bis Spitze in cm	10,0	11,5	12,5	13,5	14,5	16,0	16,5
Größe	**34/35**	**36/37**	**38/39**	**40/41**	**42/43**	**44/45**	**46/47**
Maschenzahl gesamt/Nadel	44/11	48/12	48/12	52/13	52/13	52/13	56/14
Fußlänge bis Spitze in cm	18,0	19,0	20,0	21,0	22,5	23,5	24,0

Fußlänge

Häufig wird empfohlen, für breitere Füße mit der Maschenzahl der nächstgrößeren Größe, also mit je einer Masche pro Nadel mehr zu stricken. Das ändert jedoch nicht nur die Fuß- und Beinweite, sondern auch Fersen- und Spitzengröße, sodass die fertige Socke später unangenehme Falten im Schuh werfen kann.

BESSER SIND FOLGENDE MÖGLICHKEITEN:
Für den etwas breiteren Fuß reicht es meistens schon aus, zur Fußlänge bis zum Spitzenbeginn noch 3-4 Runden dazuzugeben und die Dehnbarkeit des Strickstoffes auszunutzen.
Für einen sehr breiten Fuß ist es durchaus sinnvoll, Fuß, Spitze und Ferse über mehr Maschen zu arbeiten. Dann sollte man sich in der Fußlänge bis zum Spitzenbeginn jedoch an der Originalgröße orientieren und nicht an der, die der Maschenzahl entspricht.

HINWEIS... Eine Gesamtübersicht über alle Spitzenmaße befindet sich in den Tabellen auf den Seiten 86 und 90.

Toe-Up

Bei Toe-up-Socken bleiben die Angaben der Maschenzahl für verschiedene Größen und Garnstärken und nahezu alle Arbeitsweisen gleich. Lediglich die Abnahmen für die Spitzen müssen nun als Zunahmen gearbeitet werden.
Die jeweiligen Abnahmenschemata der Spitzen müssen zwar in umgekehrter Richtung (von der Zehenspitze zum Fuß hin) gearbeitet werden, ihr Prinzip, die Verteilung der Zunahmen in der Runde und die Anzahl an Zwischenrunden zwischen den Abnahmen, bleibt aber identisch.

TOE-UP-SPITZEN

Socken von der Spitze aus zu stricken hat viele Vorteile. So können bestimmte Garnmengen punktgenau aufgebraucht werden, und auch manche Muster wirken „auf den Kopf gestellt" komplett anders.

Achteranschlag

- Den Faden in Achten um zwei parallele Nadeln eines Nadelspiels wickeln, bis sich auf beiden Nadeln 4 Maschen befinden (insgesamt 8 Schlaufen).
- Mit einer 3. Nadel die ersten 4 Schlingen rechts abstricken, Nadeln um 180° drehen und die 4 Schlingen der 2. Nadel rechts stricken.
- Die Maschen auf 4 Spielnadeln verteilen und eine umgekehrte Sockenspitze arbeiten. Dazu das Abnahmeschema einer üblichen Spitze in umgekehrter Richtung stricken und statt Abnahmen Zunahmen arbeiten.
- Die durch das Abstricken geweiteten Anschlagmaschen nun Masche für Masche nachziehen und mit dem Anschlagfaden vorsichtig auf Maschengröße bringen.

BEISPIEL STERNCHENSPITZE

Auf jeder Nadel befinden sich nun 2 Maschen.

1 Masche aus dem Querfaden zunehmen, 1 Masche rechts stricken,

1 Runde ohne Zunahmen stricken.

1 Masche aus dem Querfaden zunehmen, 2 Maschen rechts stricken,

2 Runden ohne Zunahmen stricken.

1 Masche aus dem Querfaden zunehmen, 3 Maschen rechts stricken,

3 Runden ohne Zunahmen stricken.

1 Masche aus dem Querfaden zunehmen, 4 Maschen rechts stricken,

4 Runden ohne Zunahmen stricken.

1 Masche aus dem Querfaden zunehmen, 5 Maschen rechts stricken,

5 Runden ohne Zunahmen stricken.

usw.

TIPP... **Um den Überblick über die Runden zu behalten, sollte die erste Nadel markiert werden. Dazu einen Markierer hinter die erste Masche der Nadel 1 hängen.**

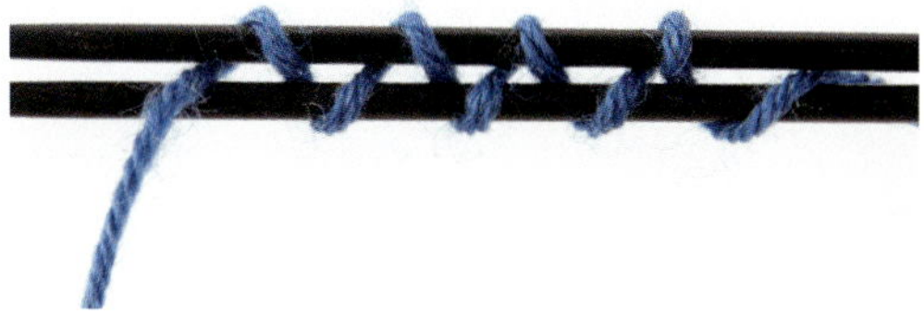

1| Achteranschlag

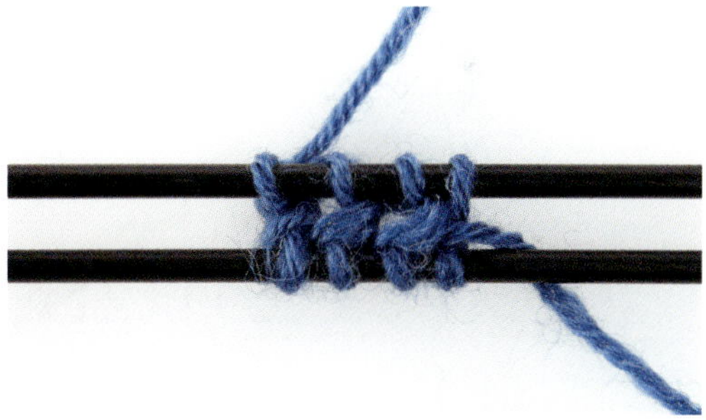

2| 1. Runde über dem Achteranschlag

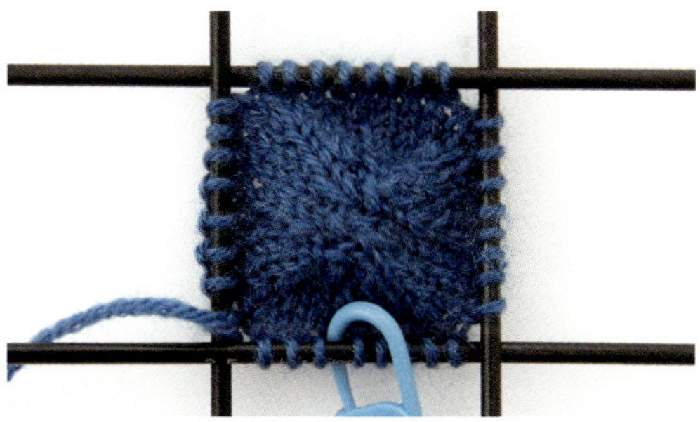

3| Einige Runden der umgekehrten Sternchenspitze mit Achteranschlag

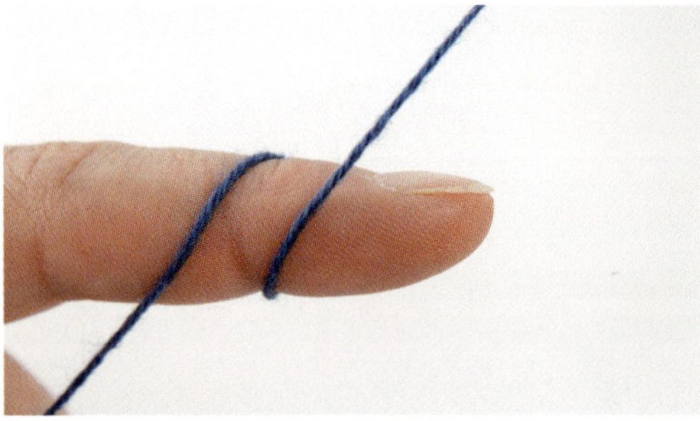

1| **Schlinge legen**

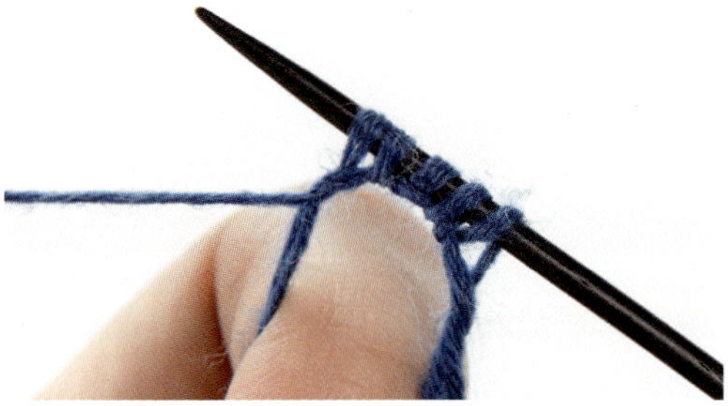

2| **Abwechselnd 1 Masche, 1 Umschlag**

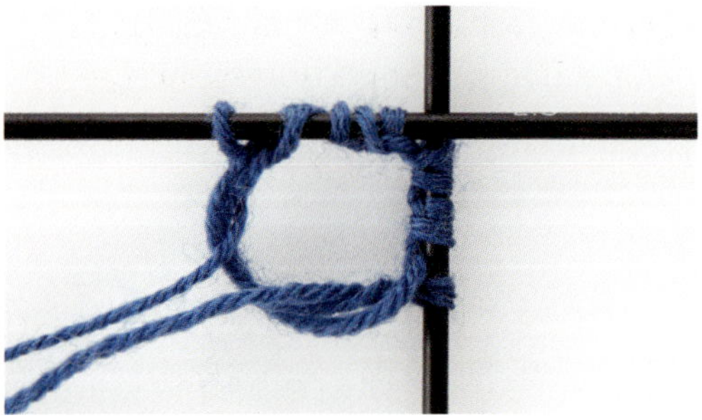

3| **6 Maschen pro Nadel**

Anschlag mit Schlinge

- Auf der linken Hand eine Schlinge um den Zeigefinger legen, den Arbeitsfaden um den ausgestreckten Daumen legen und Fadenende und den Faden, der zum Knäuel läuft, mit Mittelfinger, Ringfinger und kleinem Finger fassen.
- Mit der Nadel von rechts nach links in die Doppelschlinge einstechen und den Arbeitsfaden durchziehen, 1 Umschlag über der Doppelschlinge, bis sich 6 Maschen auf der Nadel befinden.
- Mit einer zweiten Nadel auf gleiche Weise noch einmal 6 Maschen aufnehmen. Nadeln parallel halten und Fäden sortieren. Das kurze Fadenende nicht verknoten.
- Die 12 Maschen auf 4 Nadeln durch Abstricken verteilen, Nadel 1 mit einem Maschenmarkierer kennzeichnen (Markierer hinter die 1. Masche einhängen!).
- 1 Masche rechts, 1 Masche aus dem verschränkten Querfaden zunehmen, 2 Maschen rechts. Kurz prüfen, ob sich durch Ziehen am Ende des Fadens die Schlinge zuziehen lässt, aber noch nicht ganz schließen.
- In Runden weiterarbeiten und eine umgekehrte Sternchenspitze arbeiten.

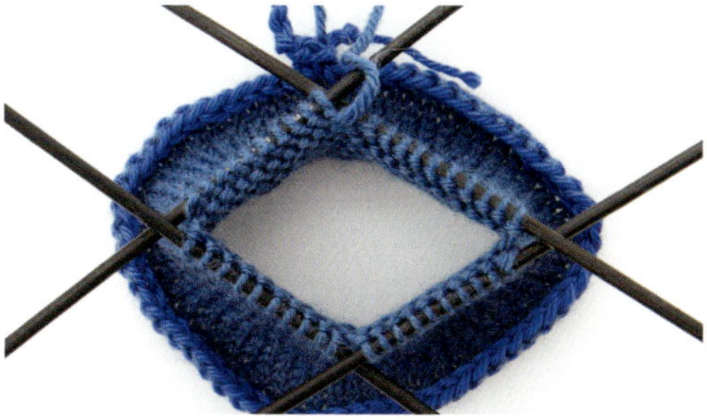

4| 12 Maschen auf 4 Nadeln verteilen, Nadel 1 mit einem Maschenmarkierer kennzeichnen

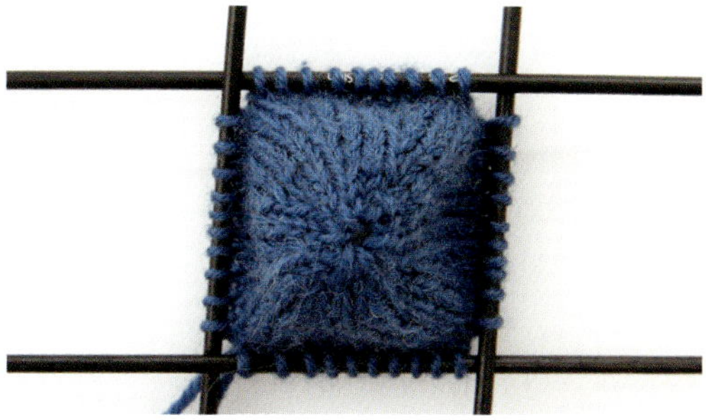

5| Einige Runden der umgekehrten Sternchenspitze mit Schlinge

TIPP... Wenn die Strickarbeit eine handliche Größe angenommen hat, lässt sich die Schlinge bequem von innen vernähen.

TOE-UP-GEEIGNETE FERSEN

Alle Fersen mit Schrägnaht können ohne Änderung in umgekehrte Richtung gearbeitet werden, sogar der Zu- und Abnahmespickel und die Hybridferse sind geeignet. Auch die glatte Ferse und alle nachträglich eingestrickten Fersen können in Toe-up-Socken eingestrickt werden.

Fußlänge von Spitze bis Fersenbeginn für 4-fädiges und 6-fädiges Sockengarn

Größe	20/21	22/23	24/25	26/27	28/29	30/31	32/33
Spitze bis Ferse in cm	10,5	12	12	13,5	14	15	16,5

Größe	34/35	36/37	38/39	40/41	42/43	44/45	46/47
Spitze bis Ferse in cm	17	18	20	21,5	22,5	23	24,5

HINWEIS... Beim Zu- und Abnahmespickel und bei der Hybridferse muss zusätzlich noch die angegebene Spickellänge beachtet werden.

TOE-UP-GEEIGNETE ABSCHLÜSSE

Toe-Up-Abschlüsse müssen elastischer sein als normale Abkettkanten, da sie sonst leicht am Bein einschneiden.

Abketten von Innen

Wird von innen abgekettet, erscheint die abgekettete Kante ein wenig gerundet und schließt schön am Bein ab. Wenn das Bündchen die gewünschte Höhe erreicht hat, die Arbeit wenden und entgegen der bisherigen Strickrichtung die Maschen der Nadel 4 und allen weiteren abketten.

Abketten durch Überziehen der Masche

Das klassische Abketten ist eine einfache Methode, die sehr sorgfältig und locker gearbeitet werden muss, um einen elastischen Abschluss zu erzielen.

- 2 Maschen rechts, *mit der linken Nadel die erste über die zweite Masche heben und von den Nadeln gleiten lassen, 1 Masche rechts*.

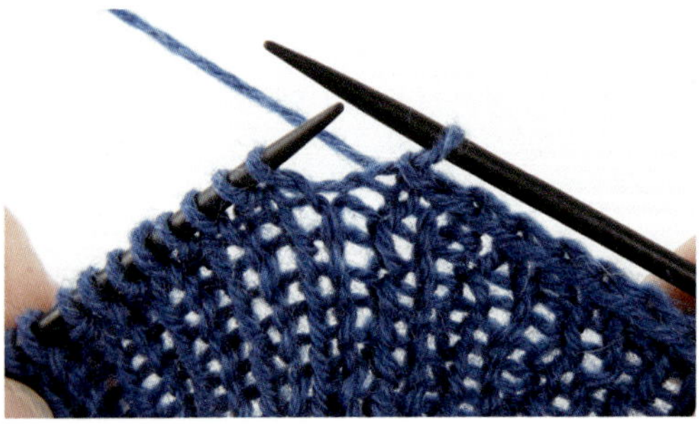

1| Die erste Masche über die zweite Masche heben

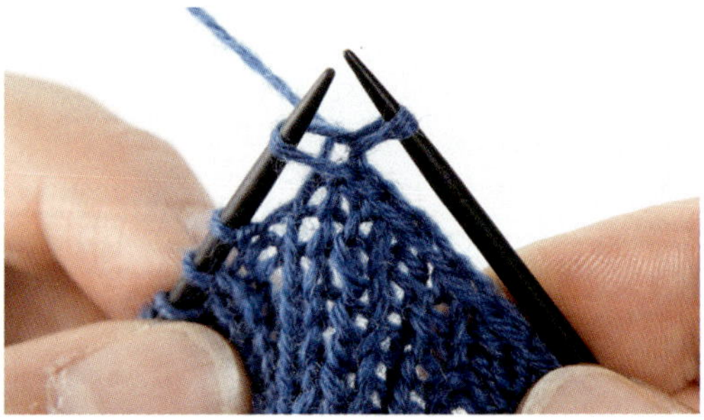

2| Eine weitere Masche rechts stricken

Abketten durch Überziehen und Verkreuzen der Masche

Dieser Abkettrand ist in sich durch verkreuzt abgestrickte Maschen ein wenig verstärkt.

- 2 Maschen rechts, *mit der linken Nadel die erste über die 2. Masche heben, aber auf der linken Nadel liegen lassen, mit der rechten Nadel nun die 2. Masche der linken Nadel rechts verschränkt abstricken und beide Maschen von der linken Nadel gleiten lassen (nur eine von beiden wandert dabei auf die rechte Nadel), 1 Masche rechts*.

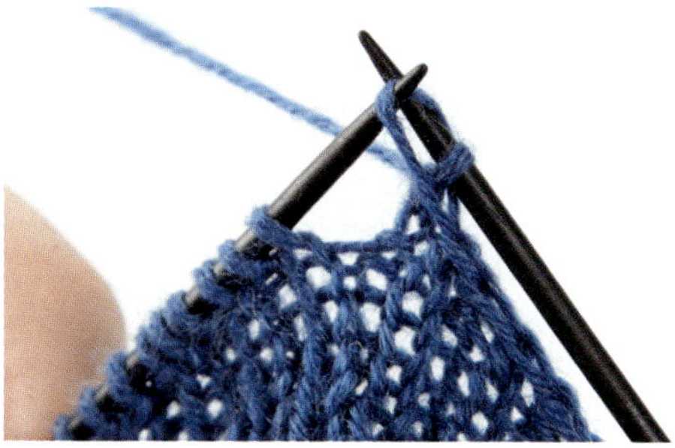

1| Die erste Masche über die zweite Masche ziehen

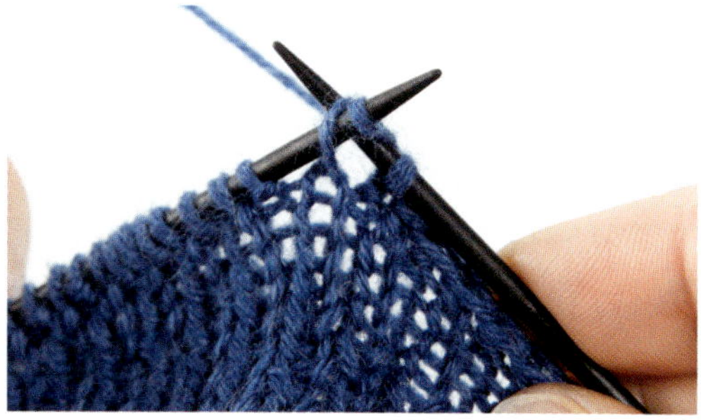

2| Die nächste Masche rechts verschränkt stricken

Verkreuztes Abstricken zweier Maschen

Das verkreuzte Abstricken zweier Maschen ergibt einen sehr elastischen Rand, der durch doppeltes Stricken zudem noch verstärkt ist.

- 2 Maschen rechts, *beide Maschen wieder zurück auf die linke Nadel heben und zusammen rechts verschränkt abstricken, 1 Masche rechts*.

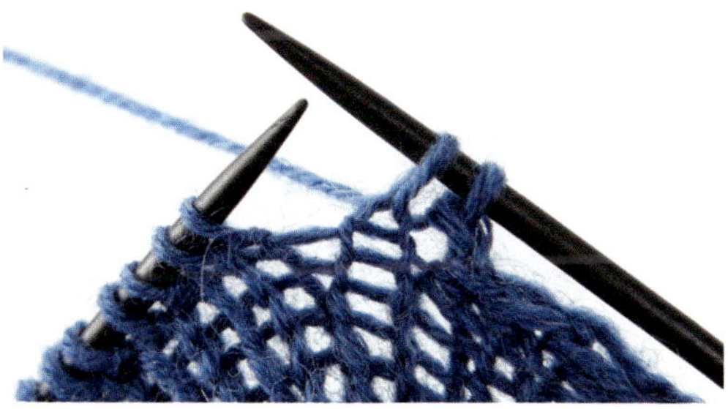

1| Eine Masche rechts stricken

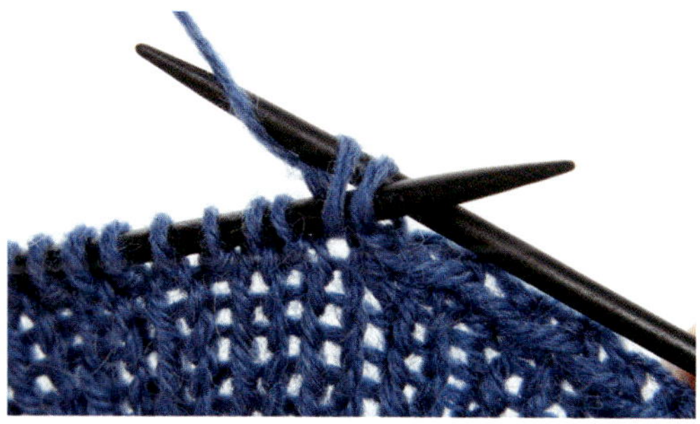

2| Beide Maschen rechts verschränkt stricken

Italienisches Abnähen

Das italienische Abnähen bildet einen runden und sehr elastischen Abschluss. Unterschiede zwischen Vorder- und Rückseite sind nicht erkennbar und die Abschlusskante wellt sich nicht. Dieser Abschluss wird nicht gestrickt, sondern mit einer stumpfen Stopfnadel abgenäht. Ähnlich dem italienischen Anschlag sorgen auch hier 6 Übergangsrunden für die gute Elastizität.

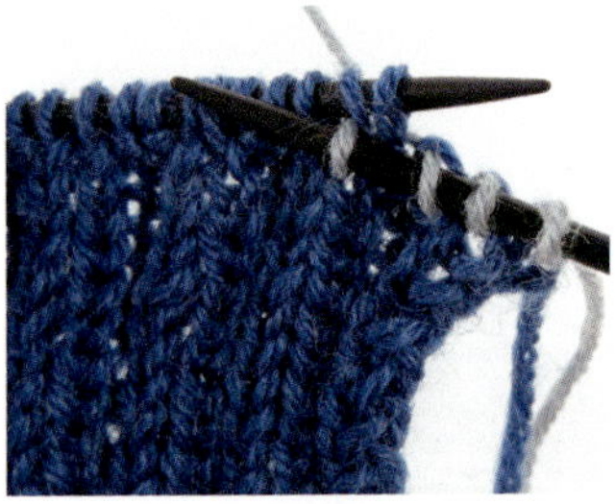

1| 1 Masche links, die übernächste Masche rechts stricken

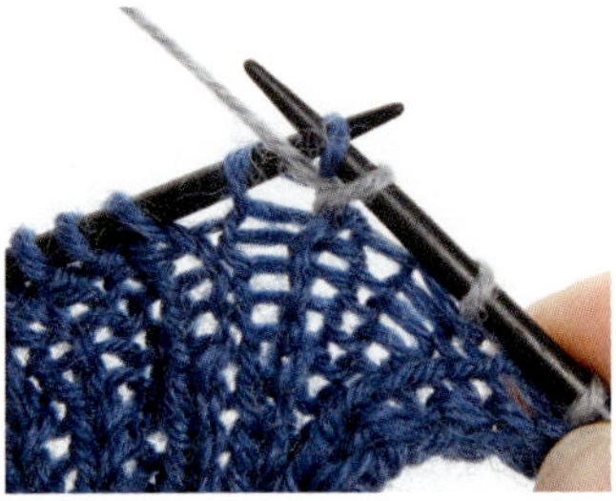

2| Mittlere Masche links stricken

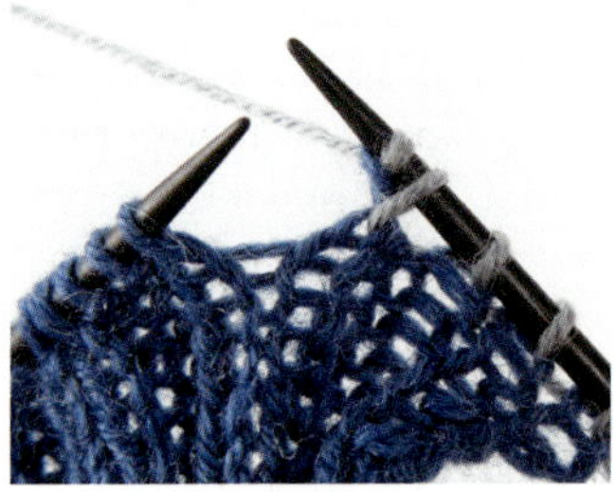

3| Verkreuzte Maschen

Vorbereitung eines 2/2-Bündchens

Da das Abnähen nur nach den Übergangsrunden eines 1/1-Bündchens gelingt, wird das 2/2-Bündchen entsprechend vorbereitet, sodass es anschließend wie ein 1/1-Bündchen weitergearbeitet werden kann.

- Dazu die beiden ersten rechten Maschen noch mit Nadel 4 abstricken und mit 2 linken Maschen beginnen.
- *1 Masche links, die übernächste Masche vor der Arbeit rechts stricken (nicht abheben), die nun in der Mitte liegende linke Masche links, Maschen von der Nadel gleiten lassen, 1 Masche rechts*.

Die Übergangsrunden eines 1/1-Bündchens anschließen.

Italienisches Abnähen eines 1/1-Bündchens

ÜBERGANGSRUNDEN

- **1. Runde, 3. Runde, 5. Runde:** Alle rechten Maschen rechts stricken, die linken Maschen mit dem Faden vor der Masche abheben.
- **2. Runde, 4. Runde, 6. Runde:** Alle linken Maschen links stricken, die rechten Maschen mit dem Faden hinter der Masche abheben.

Anschließend die einzelnen Maschen abnähen.

ABNÄHEN DER MASCHEN

Den Arbeitsfaden in einer Länge von mindestens 3x der Länge des Sockenumfangs abtrennen. Nicht zu kurz abschneiden, der Faden kann während des Abnähens nicht wieder angesetzt werden.

Zu Beginn des Abnähens sollte sich eine linke Masche als erste Masche auf der Nadel befinden. Beginnt die Nadel 1 mit einer rechten Masche, wird die letzte Masche der Nadel 4 mit auf die linke Nadel geholt.

- **Schritt 1:** Von links nach rechts in die linke Masche einstechen und den Faden anziehen. Die Masche noch nicht von der Nadel heben.
- **Schritt 2:** Von rechts nach links in die vorige rechte Masche einstechen, die gerade abgenähte linke Masche übergehen und von rechts nach links in die folgenden rechte Masche einstechen. Den Faden anziehen, die Maschen aber noch auf der linken Nadel liegen lassen.
- **Schritt 3:** Von rechts nach links noch einmal in die 1. linke Masche einstechen, die ersten beiden Maschen von der Nadel heben und den Faden leicht anziehen.

Diese drei Schritte wiederholen, bis alle Maschen abgenäht sind.

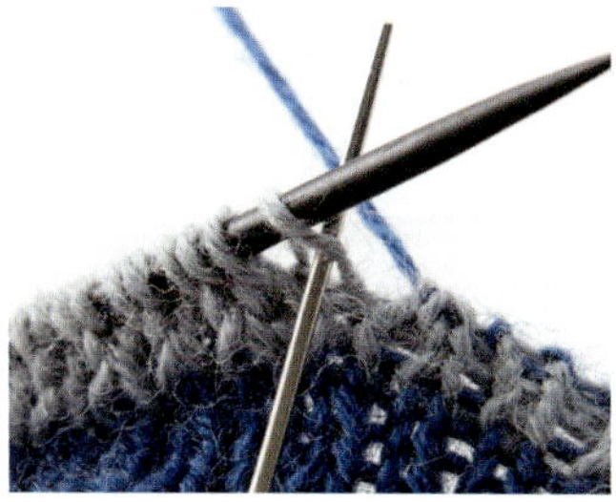

1| Von links nach rechts in die linke Masche einstechen

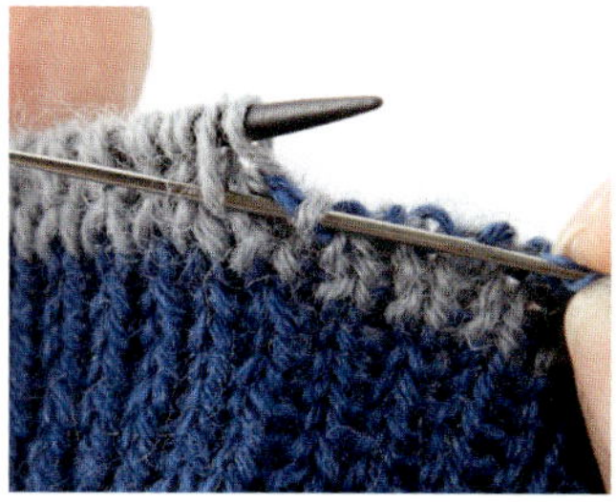

2| Von rechts nach links in beide rechte Maschen einstechen, linke Masche hinten

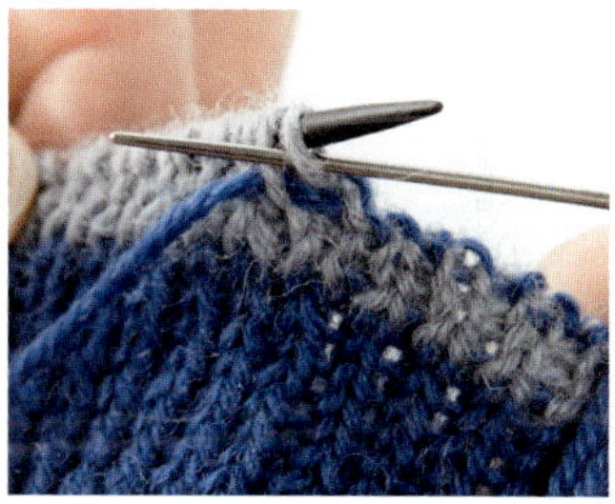

3| Von rechts nach links in die 1. linke Masche einstechen

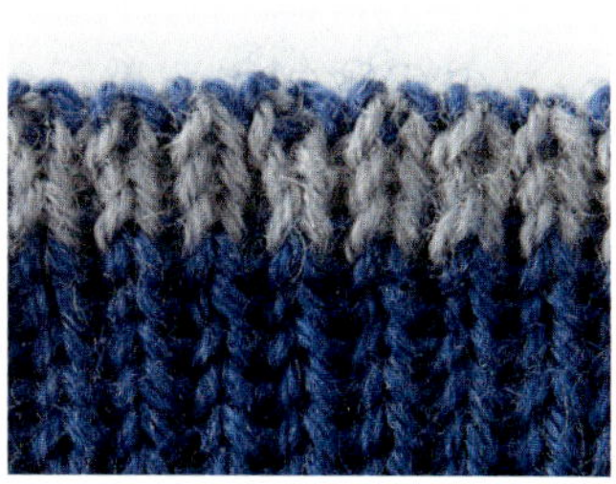

4| Fertige Kante

Fersen für 4-fädiges Sockengarn

LL = 210 m/50 g, 30 Maschen x 42 Reihen = 10 cm x 10 cm

Größe	20/21	22/23	24/25	26/27	28/29
Maschenzahl gesamt	44	44	48	48	52
Maschenzahl pro Nadel	11	11	12	12	13
Fersenmaschen	22	22	24	24	26

FERSENWANDFERSEN: KÄPPCHEN-, HUFEISEN-, HERZCHEN- UND RUNDE FERSE

Fersenhöhe in Reihen	22	22	24	24	26
Maschenzahl Käppchen	7/8/7	7/8/7	8/8/8	8/8/8	9/8/9
Maschenzahl Hufeisen	5/6/6/5	5/6/6/5	6/6/6/6	6/6/6/6	7/6/6/7
Bogenmaschen Hufeisen	4	4	4	4	4
Maschenaufnahmen aus Fersenwand	11	11	12	12	13

FERSEN MIT SCHRÄGNAHT/MIT VERKÜRZTEN REIHEN

Ferseneinteilung	7/8/7	7/8/7	8/8/8	8/8/8	8/10/8
Spickelmaschen Hybridferse	4	4	4	4	4
Reihenzahl Hybridferse	8	8	8	8	8

RUNDGESTRICKTE FERSEN MIT FERSENSCHLUSS IM TRITT

Spickelmaschen glatte Ferse	4	4	4	4	4
Maschenanschlag glatte Ferse	15	15	16	16	17
Fußlänge Kontrastgarn -Spitze in cm	9	10	10	11,5	12,5
Abnahmerunde nach der 1. Abnahme wiederholen					
in jeder 4. Runde	-	-	-	-	-
in jeder 3. Runde	1x	1x	1x	1x	2x
in jeder 2. Runde	3x	3x	3x	3x	3x
in jeder Runde	-	-	1x	1x	1x
Fersenschluss (Maschen pro Nadel)	6	6	6	6	6

30/31	32/33	34/35	36/37	38/39	40/41	42/43	44/45	46/47
52	56	56	60	60	64	64	68	72
13	14	14	15	15	16	16	17	18
26	28	28	30	30	32	32	34	36
26	28	28	30	30	32	32	34	36
9/8/9	9/10/9	9/10/9	10/10/10	10/10/10	10/12/10	10/12/10	11/12/11	12/12/12
7/6/6/7	8/6/6/8	8/6/6/8	7/8/8/7	7/8/8/7	8/8/8/8	8/8/8/8	9/8/8/9	10/8/8/10
4	5	5	5	5	5	5	6	6
13	14	14	15	15	16	16	17	17
8/10/8	9/10/9	9/10/9	10/10/10	10/10/10	10/12/10	10/12/10	11/12/11	12/12/12
4	5	5	5	5	5	5	6	6
8	10	10	10	10	10	10	12	12
4	5	5	5	5	5	5	6	6
17	19	19	20	20	21	21	23	24
14.0	15,5	16,5	16,5	18	19,5	20,5	21,5	21,5
-	-	-	1x	1x	1x	1x	1x	1x
2x	2x	2x	2x	2x	2x	2x	2x	2x
3x	3x	3x	3x	3x	3x	3x	4x	4x
1x	1x	1x	1x	1x	2x	2x	1x	2x
6	7	7	7	7	7	7	8	8

Länge der Spitzen für 4-fädiges Sockengarn

LL = 210 m/50 g, 30 Maschen x 42 Reihen = 10 cm x 10 cm

Größe	20/21	22/23	24/25	26/27	28/29
Maschenzahl gesamt	44	44	48	48	52
Maschenzahl pro Nadel	11	11	12	12	13
Fußlänge gesamt in cm	13,5	15,0	16,5	17,5	19,0
BANDSPITZE, ZUSAMMENGEZOGEN					
Spitzenlänge in cm	3,0	3,0	3,5	3,5	4,0
Fußlänge bis Spitzenbeginn in cm	10,5	12,0	13,0	14,0	15,0
BANDSPITZE, STUMPF					
Spitzenlänge in cm	-	-	2,5	2,5	3,0
Fußlänge bis Spitzenbeginn in cm	-	-	14,0	15,0	16,0
STERNCHENSPITZE					
Spitzenlänge in cm	2,0	2,0	3,5	3,5	3,5
Fußlänge bis Spitzenbeginn in cm	11,5	13,0	13,0	14,0	15,5
SCHNECKENSPITZE					
Spitzenlänge in cm	4,0	4,0	4,5	4,5	5,0
Fußlänge bis Spitzenbeginn in cm	9,5	11,0	12,0	13,0	14,0
PROPELLERSPITZE					
Spitzenlänge in cm	4,0	4,0	4,5	4,5	5,0
Fußlänge bis Spitzenbeginn in cm	9,5	11,0	12,0	13,0	14,0
BLUMENSPITZE					
Spitzenlänge in cm	3,5	3,5	3,5	3,5	4,0
Fußlänge bis Spitzenbeginn in cm	10,0	11,5	13,0	14,0	15,0
SCHRÄGNAHTFERSE ALS SPITZE					
Spitzenlänge in cm	3,0	3,0	3,5	3,5	4,0
Mascheneinteilung	7/8/7	7/8/7	8/8/8	8/8/8	9/8/9
Fußlänge bis Spitzenbeginn in cm	10,5	12,0	13,0	14,0	15,0

30/31	32/33	34/35	36/37	38/39	40/41	42/43	44/45	46/47
52	56	56	60	60	64	64	68	72
13	14	14	15	15	16	16	17	18
20,5	21,5	23,0	24,5	25,5	27,0	28,5	29,5	31,0
4,0	4,5	4,5	5,0	5,0	5,5	5,5	6,0	6,5
16,5	17,0	18,5	19,5	20,5	21,5	23,0	23,5	24,5
3,0	3,0	3,0	4,0	4,0	4,0	4,0	4,5	4,5
17,5	18,5	20,0	20,5	21,5	23,0	24,5	25,0	26,5
3,5	4,5	4,5	4,5	4,5	6,5	6,5	6,5	8,5
17,0	17,0	18,5	20,0	21,0	20,5	22,0	23,0	22,5
5,0	5,5	5,5	6,0	6,0	6,5	6,5	7,0	7,5
15,5	16,0	17,5	18,5	19,5	20,5	22,0	22,5	23,5
5,0	5,0	5,0	5,5	5,5	5,5	6,0	6,0	6,5
15,5	16,5	18,0	19,0	20,2	21,0	22,5	23,0	24,0
4,0	4,0	4,0	5,0	5,0	5,0	5,0	5,5	5,5
16,5	17,5	19,0	19,5	20,5	22,0	23,5	24,0	25,5
4,0	4,5	4,5	5,0	5,0	5,0	5,0	5,5	6,0
9/8/9	10/8/10	10/8/10	11/8/11	11/8/11	11/10/11	11/10/11	12/10/12	13/10/13
16,5	17,0	18,5	19,5	20,5	22,0	23,5	24,0	25,0

Fersen für 6-fädiges Sockengarn

LL = 125 m/50 g, 22 Maschen x 30 Reihen = 10 cm x 10 cm

Größe	20/21	22/23	24/25	26/27	28/29
Maschenzahl gesamt	32	32	36	36	40
Maschenzahl pro Nadel	8	8	9	9	10
Fersenmaschen	16	16	18	18	20

FERSENWANDFERSEN: KÄPPCHEN-, HUFEISEN-, HERZCHEN- UND RUNDE FERSE

Fersenhöhe in Reihen	16	16	18	18	20
Maschenzahl Käppchen	5/6/5	5/6/5	6/6/6	6/6/6	6/8/6
Maschenzahl Hufeisen	4/4/4/4	4/4/4/4	5/4/4/5	5/4/4/5	6/4/4/6
Bogenmaschen Hufeisen	3	3	3	3	3
Maschenaufnahmen aus Fersenwand	8	8	9	9	10

FERSEN MIT SCHRÄGNAHT/MIT VERKÜRZTEN REIHEN

Ferseneinteilung	5/6/5	5/6/5	6/6/6	6/6/6	6/8/6
Spickelmaschen Hybridferse	3	3	3	3	3
Reihenzahl Hybridferse	6	6	6	6	6

RUNDGESTRICKTE FERSEN MIT FERSENSCHLUSS IM TRITT

Spickelmaschen glatte Ferse	3	3	3	3	3
Maschenanschlag glatte Ferse	11	11	12	12	13
Fußlänge Kontrastgarn -Spitze in cm	9	10	10	11,5	12,5
Abnahmerunde nach der 1. Abnahme wiederholen					
in jeder 4. Runde	-	-	-	-	-
in jeder 3. Runde	-	-	-	-	1x
in jeder 2. Runde	3x	3x	3x	3x	3x
in jeder Runde	1x	1x	2x	2x	2x
Fersenschluss (Maschen pro Nadel)	3	3	3	3	3

30/31	32/33	34/35	36/37	38/39	40/41	42/43	44/45	46/47
40	44	44	48	48	52	52	52	56
10	11	11	12	12	13	13	13	14
20	22	22	24	24	26	26	26	28
20	22	22	24	24	26	26	26	28
6/8/6	7/8/7	7/8/7	8/8/8	8/8/8	8/10/8	8/10/8	8/10/8	9/10/9
6/4/4/6	6/5/5/6	6/5/5/6	6/6/6/6	6/6/6/6	7/6/6/7	7/6/6/7	7/6/6/7	7/7/7/7
3	4	4	4	4	4	4	4	5
10	11	11	12	12	13	13	13	14
6/8/6	7/8/7	7/8/7	8/8/8	8/8/8	8/10/8	8/10/8	8/10/8	9/10/9
3	4	4	4	4	4	4	4	5
6	8	8	8	8	8	8	8	10
3	4	4	4	4	4	4	4	5
13	15	15	16	16	17	17	17	18
14,0	15,5	16,5	16,5	18	19,5	20,5	21,5	21,5
-	-	-	-	-	-	-	-	-
1x	1x	1x	1x	1x	2x	2x	1x	2x
3x	3x	3x	3x	3x	3x	3x	1x	1x
2x	2x	2x	3x	3x	3x	3x	2x	3x
3	4	4	4	4	4	4	5	5

Länge der Spitzen für 6-fädiges Sockengarn

LL = 125 m/50 g, 22 Maschen x 30 Reihen = 10 cm x 10 cm

Größe	20/21	22/23	24/25	26/27	28/29
Maschenzahl gesamt	32	32	36	36	40
Maschenzahl pro Nadel	8	8	9	9	10
Fußlänge gesamt in cm	13,5	15,0	16,5	17,5	19,0
BANDSPITZE, ZUSAMMENGEZOGEN					
Spitzenlänge in cm	3,0	3,0	3,5	3,5	4,0
Fußlänge bis Spitzenbeginn in cm	10,5	12,0	13,0	14,0	15,0
BANDSPITZE, STUMPF					
Spitzenlänge in cm	–	–	2,5	2,5	3,0
Fußlänge bis Spitzenbeginn in cm	–	–	14,0	15,0	16,0
STERNCHENSPITZE					
Spitzenlänge in cm	2,0	2,0	2,0	2,0	3,0
Fußlänge bis Spitzenbeginn in cm	11,5	13,0	14,5	15,5	16,0
SCHNECKENSPITZE					
Spitzenlänge in cm	3,5	3,5	4,0	4,0	4,5
Fußlänge bis Spitzenbeginn in cm	3,5	3,5	4,0	4,0	4,5
PROPELLERSPITZE					
Spitzenlänge in cm	3,5	3,5	4,0	4,0	4,5
Fußlänge bis Spitzenbeginn in cm	10,5	11,5	12,5	13,5	14,5
BLUMENSPITZE					
Spitzenlänge in cm	2,5	2,5	3,5	3,5	3,5
Fußlänge bis Spitzenbeginn in cm	11,0	12,5	13,0	14,0	15,5
SCHRÄGNAHTFERSE ALS SPITZE					
Spitzenlänge in cm	3,0	3,0	3,5	3,5	3,5
Mascheneinteilung	5/6/5	5/6/5	6/6/6	6/6/6	6/8/6
Fußlänge bis Spitzenbeginn in cm	10,5	12,0	13,0	14,0	15,5

30/31	32/33	34/35	36/37	38/39	40/41	42/43	44/45	46/47
40	44	44	48	48	52	52	52	56
10	11	11	12	12	13	13	13	14
20,5	21,5	23,0	24,5	25,5	27,0	28,5	29,5	31,0
4,0	4,5	4,5	5,0	5,0	5,5	5,5	5,5	6,5
16,5	17,0	18,5	19,5	20,5	21,5	23,0	24,0	24,5
3,0	3,5	3,5	4,0	4,0	5,0	5,0	5,0	5,5
17,5	18,0	19,5	20,5	21,5	22,0	23,5	24,5	25,5
3,0	3,0	3,0	4,5	4,5	4,5	4,5	4,5	6,5
17,5	18,5	20,2	20,2	21,0	22,5	24,0	25,0	25,5
4,5	5,5	5,5	6,0	6,0	6,5	6,5	6,5	8,5
4,5	5,0	5,0	5,5	5,5	6,0	6,0	6,0	6,5
4,5	5,0	5,0	5,5	5,5	6,0	6,0	6,0	6,5
16,0	16,5	18,0	19,0	20,0	21,0	22,5	23,5	24,0
3,5	4,5	4,5	4,5	4,5	5,5	5,5	5,5	5,5
17,0	17,0	18,5	20,0	21,0	21,5	23,0	24,0	25,5
3,5	4,0	4,0	4,0	4,0	5,5	5,5	5,5	5,5
6/8/6	7/8/7	7/8/7	8/8/8	8/8/8	9/9/9	9/9/9	9/9/9	9/10/9
17,0	17,5	19,0	20,5	21,5	21,5	23,0	24,0	25,5

Name

Schuhgröße:

Fußlänge Ferse bis Spitze:

Schafthöhe:

Beste Ferse:

Beste Spitze:

Lieblingsfarben:

Sonstiges:

Name

Schuhgröße:

Fußlänge Ferse bis Spitze:

Schafthöhe:

Beste Ferse:

Beste Spitze:

Lieblingsfarben:

Sonstiges:

Name

Schuhgröße:

Fußlänge Ferse bis Spitze:

Schafthöhe:

Beste Ferse:

Beste Spitze:

Lieblingsfarben:

Sonstiges:

Name

Schuhgröße:

Fußlänge Ferse bis Spitze:

Schafthöhe:

Beste Ferse:

Beste Spitze:

Lieblingsfarben:

Sonstiges:

Name

Schuhgröße:

Fußlänge Ferse bis Spitze:

Schafthöhe:

Beste Ferse:

Beste Spitze:

Lieblingsfarben:

Sonstiges:

Name

Schuhgröße:

Fußlänge Ferse bis Spitze:

Schafthöhe:

Beste Ferse:

Beste Spitze:

Lieblingsfarben:

Sonstiges:

Name

Schuhgröße:

Fußlänge Ferse bis Spitze:

Schafthöhe:

Beste Ferse:

Beste Spitze:

Lieblingsfarben:

Sonstiges:

Name

Schuhgröße:

Fußlänge Ferse bis Spitze:

Schafthöhe:

Beste Ferse:

Beste Spitze:

Lieblingsfarben:

Sonstiges:

Name

Schuhgröße:

Fußlänge Ferse bis Spitze:

Schafthöhe:

Beste Ferse:

Beste Spitze:

Lieblingsfarben:

Sonstiges:

Name

Schuhgröße:

Fußlänge Ferse bis Spitze:

Schafthöhe:

Beste Ferse:

Beste Spitze:

Lieblingsfarben:

Sonstiges:

Name

Schuhgröße:

Fußlänge Ferse bis Spitze:

Schafthöhe:

Beste Ferse:

Beste Spitze:

Lieblingsfarben:

Sonstiges:

Name

Schuhgröße:

Fußlänge Ferse bis Spitze:

Schafthöhe:

Beste Ferse:

Beste Spitze:

Lieblingsfarben:

Sonstiges:

Name

Schuhgröße:

Fußlänge Ferse bis Spitze:

Schafthöhe:

Beste Ferse:

Beste Spitze:

Lieblingsfarben:

Sonstiges:

Name

Schuhgröße:

Fußlänge Ferse bis Spitze:

Schafthöhe:

Beste Ferse:

Beste Spitze:

Lieblingsfarben:

Sonstiges:

Name

Schuhgröße:

Fußlänge Ferse bis Spitze:

Schafthöhe:

Beste Ferse:

Beste Spitze:

Lieblingsfarben:

Sonstiges:

Name

Schuhgröße:

Fußlänge Ferse bis Spitze:

Schafthöhe:

Beste Ferse:

Beste Spitze:

Lieblingsfarben:

Sonstiges:

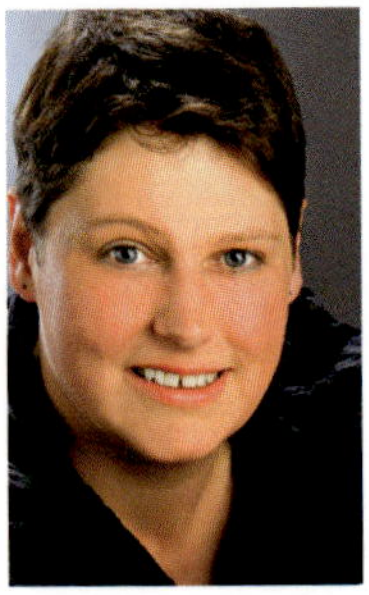

Stephanie van der Linden lernte das Stricken von ihrer Oma noch bevor sie lesen und schreiben konnte. Besonders fasziniert ist sie von den mathematischen Strukturen hinter rechten und linken Maschen und tüftelt daher auch gerne an Stricktechniken und Anleitungen. Nach der Geburt ihrer Tochter begann sie, Strickmodelle für Babys und Kleinkinder aus ökologischen Garnen zu designen. Seitdem lassen feingestrickte Kleinteile sie nicht mehr los, und so hat sie inzwischen zahlreiche Sockenanleitungen veröffentlicht. Im Internet ist sie zu finden unter www.maschenmarkt.de.

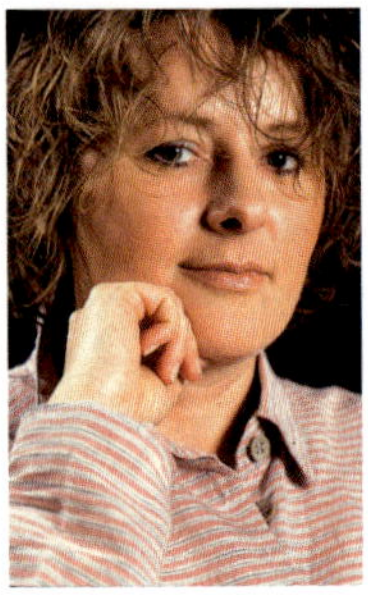

Ewa Jostes strickte schon seit ihrer Kindheit. Nachdem neben der Familie irgendwann für größere Projekte keine Zeit mehr blieb, entdeckte sie ihre Liebe zum Sockenstricken. Seitdem entstanden kleine Sockenunikate in jeder Farbe, Größe und Musterung. Gerne veröffentlichte sie auch eigene Anleitungen, vor allem für Socken und Handschuhe.

Für die Bereitstellung der Projekttasche auf dem Cover und dem Vorwort bedanken wir uns bei Catharina Duden, www.ducathi.de.

Für die Bereitstellung der Garne bedanken wir uns bei den Firmen LANG & Co. AG (www.lang-yarns.com), Lana Grossa (www.lana-grossa.de) und MEZ GmbH (www.schachenmayr.de).

NEUGESTALTUNG VON TOPP 6326

PROJEKTMANAGEMENT UND LEKTORAT: Miriam Heil und Mareike Upheber

COVERGESTALTUNG: Eva Grimme

LAYOUT: Petra Theilfarth

FOTOS: frechverlag GmbH, 70839 Gerlingen; lichtpunkt, Michael Ruder, Stuttgart (Titelbild); Fotostudio Ullrich & Co., Renningen (alle anderen)

DRUCK UND BINDUNG: DZS Grafik, Slowenien

10. Auflage 2026

produktsicherheit@frechverlag.de

ISBN 978-3-7724-8153-6 · Best.-Nr. 8153

MIX
Papier | Fördert gute Waldnutzung
FSC® C106600

Penguin Random House Verlagsgruppe
FSC® N001967